Innen — Außen

Ronald Grätz und Markus Hilgert (Hg.)

Innen — Außen

Perspektiven einer
integrierten Kulturpolitik

Steidl

Inhaltsverzeichnis

7   Vorwort der Herausgeber

11   Michelle Müntefering, *Ein neuer Reiseführer für unser globales Dorf*

17   Sigrid Weigel, *Interkulturelles Expertenwissen nutzen*

25   Carsten Brosda und Andreas Görgen, *Diversität im Innern und im Außen gemeinsam gestalten*

31   Hortensia Völckers, *»talk to the people« – Postkoloniale Aufbrüche in transnationalen Kooperationsprojekten*

37   Johannes Ebert, *Die AKBP ist ein multipolares Geflecht. Einige Gedanken zur Verschmelzung von Innen und Außen in der Kulturpolitik und zur Rolle des Goethe-Instituts*

45   Peter Limbourg, *Das Innen nach Außen? Oder was wohin? Zur Arbeit der Deutschen Welle*

49   Hartmut Dorgerloh, *Wie das Humboldt Forum Innen und Außen verbindet*

55   Odila Triebel, *Weltoffen statt total glokal*

65   Olaf Zimmermann, *Wo sind die Freigeister?*

71   Günter Winands, *(Innen-) Kulturpolitik in Deutschland. Geschichte und Perspektiven auf Bundesebene*

81   Annika Hampel, *Die Geschichte der Auswärtigen Kulturpolitik in Deutschland*

91   Ulrike Guérot, *Ein Europa?*

97   Stuart MacDonald und Andrew Murray, *Innen und Außen in der Kulturpolitik der Europäischen Union*

105   Maria Hirvi-Ijäs und Sakarias Sokka, *Grenzen überschreiten in der heimischen Kulturpolitik – das Beispiel Finnland*

109   Katrin Maiste, *Kultur sammeln, synthetisieren und übersetzen – das Beispiel Estland*

113   Camilla Mordhorst, *Einfluss nehmen in einem kleinen Land – das Beispiel Dänemark*

115   Rafael Soriano Ortiz, *Das Instituto Cervantes: Weltoffene Kulturdiplomatie*

119   Aušrinė Žilinskienė, *Offen für kreative Kollaboration – das Beispiel Litauen*

123   Eckart Köhne, *Die Museumsarbeit als Synergiefeld zwischen Innen- und Außenkulturpolitik*

129   Mohamed Al Mubarak, *Kulturpolitik in den Vereinigten Arabischen Emiraten – das Lokale, Nationale und Internationale verbinden*

135   Marc Grandmontagne, Ulrich Khuon und Birgit Lengers, *Das Theater als Schwellenraum*

143   Helena Waldmann, *Die Diebe der Kunst*

149   Georg Schütte und Thomas Brunotte, *Synergien von Innen und Außen in der Wissenschaft*

159   Über die Beiträgerinnen und Beiträger

Vorwort der Herausgeber

Innen- und Außenkulturpolitik leben in einer seltsamen Beziehung. Man kennt sich etwas zu lange und lässt dem Anderen seine Eigenwilligkeiten lieber durchgehen, als sich auseinanderzusetzen, um eine gemeinsame Zukunft zu gestalten. So lebt man fast beziehungslos nebeneinander her. Gleichzeitig besteht auch eine gegenseitige Anziehung, eine tiefe Sehnsucht nach dem Anderen – eine Hassliebe?

Manchmal werden Innen- und Außenkulturpolitik auch als zwei Seiten einer Medaille bezeichnet. Da Münzen aber selten auf dem Rand stehen bleiben, ist letztlich immer einer oben und einer unten. Dadurch ergeben sich zu wenig Synergie, zu wenig wechselseitiger Bezug, zu wenig Gemeinsamkeit. Es besteht die Gefahr, dass die Außenkulturpolitik zu wenig von dem Deutschland vermittelt, wie es tatsächlich ist, und die Innenkulturpolitik zu wenig versteht, wo sie sich global befindet.

Dabei sind Innen- und Außenkulturpolitik – nicht nur in Deutschland – angesichts gegenwärtiger und wohl auch künftiger Herausforderungen weltweit wie Nationalismus, Abschottung, Rassismus und einer Politik etablierter Ungleichheit mehr denn je aufeinander angewiesen, um im Sinne kultureller Vielfalt, antidiskriminatorisch und zur Wahrung von Freiheit und Menschenrechten wirken zu können.

Die tiefgreifende Veränderung der Lebenswelt durch Digitalisierung verändert die Formen und Inhalte der Kommunikation – im jeweils eigenen Land, aber auch in den grenzüberschreitenden Beziehungen. Kultur, kulturelle Projekte und Produkte sind Kernkommunikationen jeder Gesellschaft. Die Umwälzungen durch den Klimawandel sowie durch Flucht- und Migrationsbewegungen, die gesellschaftlichen Zusammenhalt fordern, benötigen Bewältigungsstrategien innerhalb der Länder und Regionen – und den Blick über den Tellerrand auf globale Zusammenhänge und auf die Notwendigkeit eines gemeinsamen Vorgehens. Auch die Covid-19-Pandemie zeigt, dass ein Dichtmachen der Grenzen und das Schnüren nationaler Maßnahmenpakete nur eine erste Schadensbegrenzung sein können und dass eine Überwindung der globalen Bedrohung nur durch das Lernen von den Erfahrungen der Anderen, den Austausch von Wissen und ein kollektives, solidarisches Handeln gelingen kann. All diese Herausforderungen erfordern einen geschärften

Blick auf den eigenen politischen, ökonomischen und kulturellen Kontext und gleichzeitig eine internationale Vernetzung. Innen ist Außen und Außen ist Innen. In einer globalisierten und digitalisierten Welt sind Innen- und Außenkulturpolitik nur als Einheit denkbar.

Deshalb wollen in diesem Buch versuchen, die ›Münze zu drehen‹, sodass sie nicht mehr auf nur eine Seite fällt, sondern auf dem Rand rotiert. Zahl und Wappen sollen ineinander verschmelzen und ein – vielleicht noch unscharfes – gemeinsames Bild ergeben.

Es geht uns deshalb darum, Möglichkeiten der Synergiebildung, neuer Bezüge und langfristiger Kooperationen von Kulturinnen- und -außenpolitik auszuloten. Wir wollen einen Raum zur gemeinsamen Reflexion schaffen – in diesem Band und in der Folge. Die Autorinnen und Autoren der Beiträge in diesem Band wurden eingeladen, zu den Aspekten, die die Herausgeber für wichtig erachten, aus dem jeweiligen Bereich und der Perspektive der Innenkulturpolitik und Außenkulturpolitik Grundsatzüberlegungen anzustellen und / oder gelungene Praxis zu reflektieren. Bei dem Versuch einer solchen ›integrierten‹ Sicht auf Innen- und Außenkulturpolitik geht es um mehr als darum, Themen und Inhalte der Innenkulturpolitik auf internationale Ebene zu ›transponieren‹ oder die Außenkulturpolitik lediglich als eine weitere ›Dimension‹ des innenkulturpolitischen Handelns wahrzunehmen. Vielmehr sollten beide Sphären konsequent aufeinander bezogen sein.

Dies umfasst zum einen die Darstellung dessen, was bereits erfolgreich unternommen wird und welche Erfahrungen gemacht wurden, zum anderen Vorschläge für neue, kreative ›Experimente‹, Perspektiven und Möglichkeiten.

Ein solcher Versuch ist naturgegeben fragmentarisch, ein Schlaglicht, zeitbedingt. Aber in der Summe der Beiträge zeigt sich das breite Spektrum gemeinsamer Fragestellungen, Sichtweisen und Desiderata. Interessant ist dabei für uns, was gegebenenfalls möglich wäre – nicht, was nicht ist.

Neben grundsätzlichen Darstellungen zum momentanen Stand der Strategien und Konzepte der Innen- und Außenkulturpolitik finden sich in dem Band Erfahrungen von Kulturakteuren und -akteurinnen sowie von Ländern innerhalb und außerhalb Europas.

Unter anderem fragen die Autorinnen und Autoren nach dem Denken in nationalstaatlichen Kategorien als Konstituente der Abgrenzung von Innen- und Außenkulturpolitik. Welche Geschichte steht dahinter? Was ist in globalisierten Zeiten sinnvoll und erforderlich?

Weiterhin geht es um Europa nicht nur als ökonomisches, sondern auch als kulturelles Projekt. Dennoch betreiben die Mitgliedstaaten der EU ihre jeweils eigenen Kulturpolitiken im In- und Ausland. Die Eigenschaften und Besonderheiten der einzelnen Mitgliedstaaten der EU und auch die Differenzen untereinander spiegeln sich in ihren jeweiligen Kulturpolitiken. Dabei bestimmen historische Erfahrungen wie beispielsweise der Kolonialismus sowohl Inhalte als auch Zielgruppen mancher Kulturpolitik im In- und Ausland. Es zeigen sich auch sehr unterschiedliche Vorstellungen davon, wie das System Kulturpolitik strukturiert sein sollte und welche Ziele es verfolgt: Nation-Branding? Förderung der Wirtschaft über die Kulturindustrien? Stärkung der Zivilgesellschaft und Bereitstellen von Freiräumen für Kreativität und Reflexion über Mittlerorganisationen, die gebührenden Abstand zu Politik und Geldgebern wahren? Wie sieht das Verhältnis von Innen- und Außenkulturpolitik in einzelnen Mitgliedstaaten der EU aus, und wo werden Synergien auf eine Art und Weise genutzt, von der andere Mitglieder lernen können?

Auch die Kulturpolitik der EU kommt zur Sprache: Wie ist es um eine gemeinsame europäische Außenkulturpolitik gegenüber Drittstaaten bestellt? Mit der Einrichtung des Europäischen Auswärtigen Dienstes (EAD) wurde das institutionelle und personelle Gefüge für die außenkulturellen Beziehungen der EU geschaffen. Welche Erfahrungen wurden bislang damit gemacht? Wie stark wird auf innenkulturpolitische Strukturen, Akteure, Programme und Initiativen zurückgegriffen, wenn es darum geht, die Außenkulturpolitik gegenüber Drittstaaten zu gestalten?

Zahlreiche Themen beschäftigen die Innen- wie die Außenkulturpolitik, viele Arbeitsfelder im Kultursektor benötigen eine Expertise aus beiden Bereichen. Wo gehören Synergien zwischen Innen- und Außenperspektive in der Kulturarbeit bereits zum Alltag, und wie lassen sich diese Synergien künftig noch besser nutzen?

Die Bildstrecke dieses Bandes umfasst Aufnahmen des Fotografen Götz Schleser. Auch hier geht es um das Verhältnis von Innen und Außen – wenngleich nicht im geographischen, sondern im metaphorischen Sinne. Die Bilder von halberleuchteten Straßenfluchten und Bahntrassen, von leeren Treppen, verlassenen Konzertsälen und trüben Wasserspielen zeigen eine inhumane und ausgrenzende Seite von Kultur. Und doch wirkt es so, als warteten die Orte nur darauf, wieder in Besitz genommen, belebt und beseelt zu werden – auf dass die Kultur ihr

Angebot der Begegnung und Teilhabe wieder voll entfalten könne. Wir danken Götz Schleser, dass er seine Bilder zur Verfügung gestellt hat.

Außerdem danken wir Dr. Mirjam Schneider für die redaktionelle Betreuung des Bandes und Daniel Frisch vom Steidl-Verlag für das Lektorat und die Zusammenarbeit. Unser Dank gilt auch allen Autorinnen und Autoren, die mit ihren Beiträgen zum Gelingen des Buches beigetragen und die Diskussionen beflügelt haben. Ihnen, verehrte Leserinnen und Leser, wünschen wir eine anregende und inspirierende Lektüre.

Roland Grätz / Markus Hilgert (Hg.)

Ein neuer Reiseführer für unser globales Dorf

Von Michelle Müntefering

Es ist einer der großen Widersprüche unserer Zeit: Die Welt wächst zusammen und rückt gleichzeitig auseinander. Der »Lonely Planet« ist längst zu einem globalen Dorf geworden. Wir erfahren in Echtzeit, was Tausende von Kilometern entfernt passiert. Bewegungen wie »Me Too« und »Black Lives Matter« verbreiten sich über soziale Medien in rasantem Tempo über den gesamten Planeten.

Gleichzeitig erleben wir eine zunehmende Tendenz, das vorgeblich »Eigene« von »den Anderen« abgrenzen zu wollen. In dem Moment, in dem uns die technischen Mittel zur Verfügung stehen, Begrenzungen von Raum und Zeit zu überwinden, werden neue geistige Mauern errichtet, die versuchen, Innen und Außen wieder voneinander zu trennen.

»America First« war der vielleicht klarste Ausdruck dieses Denkens: Wir (Innen) gegen die Anderen (Außen). Präsident Trump wurde abgewählt. Der Trumpismus jedoch wird uns wohl noch länger begleiten.

Kulturpolitik muss Antworten auf diese Spannungsfelder in unseren Gesellschaften finden, sie muss Brücken schlagen, auch über tiefe Risse in aufgeheizten Debatten.

Dafür muss sie ihre Strukturen und Instrumente anpassen, um im gesellschaftlichen Wandel demokratische Impulse und einen Rahmen für Fortschritt und Zusammenhalt geben zu können.

Mehr Multilateralismus, mehr Europa

Kultureinrichtungen und Stiftungen arbeiten heute längst selbstverständlich international. Städte und Regionen sind zu global vernetzten Akteuren geworden. Neue virtuelle Formate machen Zusammenarbeit über Grenzen hinweg einfacher, und doch sehen wir in der Corona-Krise, wie wesentlich die persönliche Begegnung ist.

Die schematische Aufteilung von Kulturinnen- und Kulturaußenpolitik mit ihren unterschiedlichen Strukturen und Förderinstrumenten stammt aus einer Zeit, als der Planet tatsächlich noch ziemlich »lonely« war. Sie ist nicht mehr auf der Höhe der Zeit.

Wir brauchen ein kulturpolitisches Update: eine Europäisierung unserer Kulturpolitik, die Einbeziehung der Städte als internationale Akteure im Rahmen einer »Urban Diplomacy«, einhergehend mit einer Stärkung des Multilateralismus, flexibleren Förderinstrumenten und einer viel engeren Verknüpfung von Kulturinnen- und Kulturaußenpolitik sowie der Wissenschaftsdiplomatie.

Die Grundlage für eine stärkere europäische Zusammenarbeit bei der internationalen Kulturpolitik haben wir mit der »Strategie für Internationale Kulturbeziehungen der EU« bereits gelegt. Während unserer Ratspräsidentschaft haben wir uns zudem dafür eingesetzt, das Instrument NDICI (das Instrument für Nachbarschaft, Entwicklungszusammenarbeit und Internationale Zusammenarbeit) für die europäische Kulturförderung zu öffnen.

Daran gilt es jetzt anzuknüpfen. Bei Themen wie dem Schutz von Meinungs- und Wissenschaftsfreiheit oder dem Kulturerhalt können und sollten wir als Europäer sehr viel enger zusammenarbeiten. Teilhabe und Vermittlung von Medienkompetenz sowie kulturelle Bildung müssen als gemeinsamer europäischer Auftrag begriffen werden, denn Kulturpolitik darf nicht ausschließen, sondern muss auch Verständnis schaffen für ihre Anliegen, für Offenheit, für Diskurs, für das Erleben des Anderen, für kreative Schaffensprozesse. Daneben bleibt die Stärkung der UNESCO als dem zentralen multilateralen Forum für internationale Kulturpolitik eine wichtige Aufgabe.

Gemeinsam statt nebeneinander arbeiten

Zweitens ist es wichtig, altes Schubladendenken auch strukturell hinter sich zu lassen, wenn es zum Beispiel um Förderkriterien, Finanzierungsfragen und institutionelle Grenzen geht. Kunst und Kultur sind oft viel globaler und vernetzter als die gegenwärtigen Förderstrukturen. Es wird Zeit, auch hier neue Konzepte zu entwickeln, die der föderalen Vielfalt Rechnung tragen und zugleich die unterschiedlichen Ebenen besser miteinander verzahnen und koordinieren.

Die Künste sind ein fester Bestandteil unserer Demokratie in ihrer ganzen Vielfalt – ihr Wesen und Wirken ist für den gesellschaftlichen Zusammenhalt wesentlich. Deswegen sollte die Kultur auch als Staatsziel im Grundgesetz verankert werden.

Bund, Länder und Kommunen sollten miteinander statt nebeneinander an der Stärkung der Kultur arbeiten. Was man alles erreichen kann, wenn die unterschiedlichen Ebenen eng zusammenwirken, zeigen die Diskussion und die Ergebnisse der letzten drei Jahre: die Leitlinien zum Umgang mit Sammlungsgut aus kolonialen Kontexten, die Bund, Länder und Kommunen gemeinsam entwickelt haben. Die Aufarbeitung der Kolonialgeschichte zeigt, wie wichtig nicht nur die Zusammenarbeit der Institutionen, sondern auch die Entwicklung eines gemeinsamen Verständnisses ist, ohne das ein solcher Prozess zum Scheitern verurteilt wäre. Und natürlich braucht es auch hier ganz besonders das Zusammenwirken von Innen und Außen, die Verständigung mit den Herkunftsgesellschaften und -Staaten.

Zu einer engeren Verzahnung von Innen und Außen gehört aber auch, dass die Mittlerorganisationen des Auswärtigen Amtes in Zukunft noch stärker auch in die deutsche Gesellschaft hineinwirken. Internationale Kulturpolitik generiert Wissen und Ideen, deren Potenzial wir viel mehr nutzen sollten. Ich denke hier zum Beispiel an die Integration von Menschen, die neu zu uns kommen, aber auch an den Kampf gegen Rassismus und Fremdenfeindlichkeit und nicht zuletzt an die Umsetzung der Agenda 2030 mit den nachhaltigen Entwicklungszielen der Vereinten Nationen.

Was uns ausmacht und was uns bewegt

Damit das gelingen kann, muss unsere Kulturpolitik aber auch selbst die Vielfalt unserer Gesellschaft stärker widerspiegeln. Inzwischen hat jeder vierte Mensch in Deutschland Eltern oder Großeltern, die neu nach Deutschland gekommen waren. Viele dieser Menschen sprechen mehrere Sprachen und verfügen über einen enormen Schatz an interkultureller Kompetenz, den wir intensiver nutzen und entsprechend auch unsere Institutionen diverser gestalten sollten. Denn: Viele der aktuellen Fragen sind im Kern kulturelle Fragen.

Das alles ist kein Selbstzweck. Kulturpolitik muss in den kommenden Jahren tiefgreifende Veränderungsprozesse gestalten. Die Öffnung und Neuausrichtung unserer internationalen Kulturpolitik hat ein klares Ziel. Wir werden die großen globalen Herausforderungen nicht lösen können, wenn wir nicht über Grenzen hinweg zusammenarbeiten. Planetares Denken für globales Handeln ist nur möglich, wenn es uns gelingt, das Denken in nationalen Grenzen zu überwinden.

Das war übrigens schon immer so: Gerade erst wurde auf Antrag mehrerer europäischer Länder das Bauhüttenwesen in das UNESCO-Register guter Praxisbeispiele aufgenommen. Ohne das Bauhüttenwesen wären viele große Bauten wie etwa der Dom in Naumburg oder in Köln niemals möglich gewesen. Werkstätten des europäischen Handwerks haben schon immer international gearbeitet und Wissen geteilt. Was früher für den Bau von gotischen Kathedralen zentral war, gilt heute in unserer globalisierten Welt erst recht, zum Beispiel wenn es um den Klimaschutz geht: Innovation entsteht durch Austausch und Kooperation.

Internationale Kulturpolitik ist grenzenlos

Tendenzen zu Globalisierung und Abschottung stehen heute nebeneinander. Die Zukunft ist so offen wie schon lange nicht mehr. Noch ist nicht klar, in welche Richtung das Pendel ausschlägt. Eins aber ist bereits klar: Internationale Kulturpolitik darf bei dieser Aushandlung nicht am Seitenrand stehen. Sie kann und muss ihr Gewicht in die Waagschale werfen.

Auch in der Kulturpolitik ist Fortschritt möglich. Wir müssen uns daran machen, die Veränderung zu gestalten. Es geht nicht darum, die Welt neu zu erfinden, aber zumindest darum, sie in Zukunft etwas besser zu machen. Das Zusammenleben der Menschen als kulturelle Aufgabe zu begreifen und politisch die besten Rahmenbedingungen dafür zu schaffen, ist gemeinsame Verantwortung all derer, die daran mitwirken.

Dafür braucht es Konzepte, Ideen und den Mut, neue Wege zu gehen. Um im Bild zu bleiben: Die Tipps und Karten aus dem guten alten »Lonely Planet« zu den schönsten Orten und interessantesten Plätzen dieser Welt sind auch in Zukunft nicht obsolet. Für ein gutes Zusammenleben in unserem globalen Dorf braucht es aber eine neue Kartierung – für eine Kulturpolitik, die Grenzen überschreitet.

Interkulturelles Expertenwissen nutzen

Von Sigrid Weigel

Als Hans von Herwarth (damals Staatssekretär im Bundespräsidialamt, später in den 1970er-Jahren Präsident des Goethe-Instituts) 1965 formulierte, dass Auswärtige Kulturpolitik im eigenen Land beginnen müsse (von Herwarth 1965: 407), und Ralf Dahrendorf (damals Staatssekretär im AA) 1969 den Übergang von einer Außenpolitik der Staaten zu einer Außenpolitik der Gesellschaften postulierte (Dahrendorf 1969: 1255), war nicht absehbar, wie viele Jahrzehnte ins Land gehen würden, bis sich diese Einsichten mehr und mehr durchsetzen würden. Jüngst ist im Diskurs zur AKBP die Verbindung von Innen und Außen immer deutlicher in den Vordergrund gerückt, ohne dass jedoch Konsens darüber bestünde, was darunter zu verstehen sei. Während manche eine Lösung in der Zusammenlegung der Innenkultur- und Außenkulturpolitik – etwa in einem Bundeskulturministerium (Zimmermann 2018: 26) – sehen oder auch größere Kohärenz in den Aktivitäten der verschiedenen Mittlerorganisationen fordern, denken andere dabei eher an die Einbindung der Zivilgesellschaft im Inland und in den Partnerländern als Teil einer seit langem diskutierten Neuausrichtung der Auswärtigen Kulturpolitik in ihrer Verpflichtung zur Demokratieförderung, Begleitung von entwicklungspolitischen Transformationsprozessen und auf die UNESCO-Konvention zum Schutz und zur Förderung kultureller Vielfalt.

Solche Gegensätze sind Symptom unterschiedlicher Vorstellungen von Kultur und der Rolle Auswärtiger Kulturpolitik: Kultur als Instrument zur »Förderung eines positiven Deutschlandbildes im Ausland« (Grütters 2010: 55) oder zur Krisenbewältigung, als Joker im Wettbewerb der Systeme bzw. Narrative, oder aber Kulturpolitik – verstanden als interkultureller Austausch und internationale Gesellschaftspolitik –, die kultur- bzw. bildungspolitische Initiativen aus Deutschland mit Akteuren der Partnerländer vernetzt. Nebenschauplätze dieser Kontroverse sind die Debatte über einen »erweiterten Kulturbegriff«, die Bedenken gegenüber einer Instrumentalisierung oder einer Überforderung der AKBP und die Sorge, dass die ordnungspolitische Ausrichtung des kulturpolitischen Engagements auf Kosten des künstlerischen Niveaus der geförderten Vorhaben gehen könne.

Die Tatsache, dass die Forderung einer Neuausrichtung den Diskurs über die AKBP wie ein *Cantus firmus* begleitet, muss kein schlechtes Zeichen sein. Denn die Ziele, Aufgaben und auch die Grenzen Auswärtiger Kulturpolitik bedürfen angesichts sich verändernder Herausforderungen in den Partnerländern vor Ort oder akuter Krisen und Notlagen einer permanenten Reflexion. Aufgrund der dramatischen Verschiebungen der wirtschafts- und geopolitischen Kräfteverhältnisse im Zeichen der Globalisierung, in deren Folge zahlreiche Steuerungsfunktionen von der Politik auf transnationale Konzerne übergegangen sind, gilt es, Kulturpolitik noch einmal von Grund auf neu zu bestimmen. Dass die immer gleichen Streitfragen zur AKBP in regelmäßigen Abständen wiederkehren, zeugt aber davon, dass die Debatte in vielerlei Hinsicht hinter dieser Aufgabe und auch hinter der Praxis der AKBP zurückbleibt.

Erweiterter bzw. offener Kulturbegriff

Die AKBP geht in der Praxis schon deshalb von einem *offenen* Kulturbegriff aus, weil »Kultur« in unterschiedlichen Regionen, Sprachen, ethnischen oder religionsspezifischen Gruppierungen durchaus Verschiedenes bedeutet und in sehr verschiedener Form zum Ausdruck kommt. Ein *erweiterter* Kulturbegriff meint auch mehr und anderes als »eine additive Hinzufügung von Bildung, Religion und Wissenschaft zur Kunst« (Fuchs 2006:41-45). Wogegen ein *enger* Kulturbegriff, der *Kultur*politik mit *Kunst*förderung gleichsetzt, das Produkt einer spezifisch europäischen Geschichte ist; in ihr werden die geschichtlich entstandenen Einrichtungen, die Kunst produzieren, lehren und präsentieren, zusammenfassend als Kulturbetrieb definiert. Aufgrund international unterschiedlicher Kultur- und Kunstformen geht eine erfolgreiche Auswärtige Kulturpolitik den Weg, in- und ausländische *Köpfe, Interessen und Themen* in Gestalt bi- oder multilateraler Netzwerke zu fördern.

Kulturpolitische Ambitionen, die über die Vermittlung von Sprache, künstlerischen und literarischen Werken aus Deutschland hinausgehen, gehen keineswegs auf Kosten der Qualität, wenn sie die »kulturpolitische und zivilgesellschaftliche Kraft der Künste« nutzen (Lehmann 2020:22). Dagegen werden Künste und Künstler, die ins Ausland geschickt werden, um ein angemessenes Deutschlandbild zu vermitteln (wie im traditionellen Konzept der AKBP), auf ihre Rolle als Repräsentanten einer nationalen Kultur reduziert. Eine solche Rolle korrespondiert mit der

Reduzierung von Künstlern anderer Länder auf Vertreter ihrer Kultur im »interkulturellen Dialog«, wenn Beiträge von Autoren, Videokünstlern, Tänzern, Musikern oder Intellektuellen z.B. als »arabische, muslimische Kunst« präsentiert und für eine »arabisch-islamische Identität« in Anspruch genommen werden, anstatt sie als individuelle, genuine Aussagen wahrzunehmen (Knopp 2007).

Zusammenlegung und Kohärenz

Für das Ziel einer stärkeren Verknüpfung von Innen und Außen wäre eine Zusammenführung von Bundeskulturpolitik und Außenkulturpolitik in einem Ressort eher kontraproduktiv; dies nicht nur, weil sie der *föderalen* Dimension deutscher Kulturpolitik widerspräche. Auch hat die inländische Kulturpolitik im Wesentlichen den Charakter einer an Sparten und Institutionen ausgerichteten Förderpolitik, während eine zeitgemäße Außenkulturpolitik *ressortübergreifend, dezentral* und *transnational* agieren muss und auf das Engagement unterschiedlichster Akteure im Innern und in den Partnerländern angewiesen ist.

Zudem widersprächen Zentralisierung und vereinheitlichte Zielsetzung der erfolgreich durchgeführten *Dezentralisierung* der Arbeit der Goethe-Institute, mit der die Programmverantwortung auf 14 »Weltregionen« verlagert wurde. Auf diese Weise kann sich die Programmarbeit direkt auf die konkreten Erfahrungen, das regionale Wissen, die aktuelle Lage und die Bedürfnisse in den jeweiligen Partnerländern stützen.[1]

Da inländische Kulturförderung und Außenkulturpolitik unterschiedliche Aufgabengebiete haben und von unterschiedlichen Kulturbegriffen ausgehen, erfordert ein verstärktes Ineinander von Innen und Außen eine *übergreifende, ressortpolitisch asymmetrische Kooperation*. Das Aufgabenfeld der AKBP ist – im Blick auf die Herausforderungen und Aufgaben – vielleicht stärker noch mit der Politik anderer Ressorts verbunden als mit dem Bundeskulturministerium.

Außenwirtschaftspolitik und Kulturpolitik

Kulturelle Vielfalt ist nicht nur Ziel der AKBP, sie ist zugleich Voraussetzung für und elementarer Bestandteil nachhaltiger Entwicklung (Müller 2016: 177-180). So scheint es unstrittig, dass die Aufgaben der Auswärtigen Kulturpolitik eng mit denen des BMZ verknüpft sind. Die AKBP ist aber mindestens genauso stark mit den entwicklungspolitischen

Effekten verbunden, die die deutsche Politik generell und insbesondere die Wirtschafts- und Umweltpolitik in den Partnerländern zeitigen.

Die Teilhabe an Kultur und Bildung sind ein Menschenrecht und kein Instrument, weder »für den Wettbewerb der Systeme noch für eine Instrumentalisierung im Dienst der Hegemonie oder der Wirtschaftsförderung« (Lehmann 2012: 203). Eher verhält es sich umgekehrt so, dass Außenhandels- und -wirtschaftspolitik Instrumente globaler Kulturpolitik sind. Als solche müssen sie allerdings erst noch ins politische Bewusstsein treten, indem ihre kulturpolitischen Folgen und Nebenwirkungen als Handlungsmaßstab anerkannt werden. So könnte beispielsweise das seit langem geplante, aber immer wieder blockierte Lieferkettengesetz ein effektives Instrument der Auswärtigen Kulturpolitik sein, wenn ihm nicht im Verlaufe der Verhandlungen die Reichweite auf ein Minimum gestutzt worden wäre. Denn Kinder, die arbeiten (etwa in den westafrikanischen Kakaoplantagen) können nicht zur Schule gehen, sind in der Folge von der Partizipation an Kultur und Bildung ausgeschlossen und fallen somit als Adressaten bildungspolitischer Projekte der AKBP aus.

Auswärtige Kulturpolitik, die im eigenen Land beginnt

Unter den heutigen Bedingungen der ökologisch, sozial und politisch entgleisten Globalisierung beginnt Auswärtige Kulturpolitik mehr denn je im eigenen Land. Sie beginnt u.a. am Ladentisch, wo man sich entscheidet, welche Schokolade man kauft und welche Kleidung man trägt. Die zunehmende Sensibilisierung für die *ethische Dimension unseres Konsums* und die Aufklärung über Kinder-, Zwangs- und Sklavenarbeit, über gesundheitsschädliche Arbeitsbedingungen und ökologisch verheerende Anbau- und Produktionsweisen muss allerdings folgenlos bleiben, wenn diese in den Endprodukten unsichtbar sind und solange die Konsumverantwortung allein der privaten Kaufentscheidung überantwortet bleibt.

Wo es noch an klaren Vorgaben und Auflagen mangelt, besteht allerdings die Möglichkeit zur Selbstorganisation *transnationaler Netzwerke*, wie sie bereits erfolgreich praktiziert werden. Solche Netzwerke verdanken sich einem veränderten Blick auf die »Lieferketten«, deren Definition sich ja aus der Perspektive und Interessenlage der europäischen Produzenten herschreibt. Stattdessen werden alle Glieder der Kette als kooperierende Akteure betrachtet, um Netzwerke zu organisieren, die über eine Verknüpfung von zivilgesellschaftlicher Selbstorganisation mit Marktmechanismen funktionieren, im Interesse einer verbesserten

Arbeits- und Lebenskultur in den Exportländern. Modellbildend sind Netzwerke, die über die Zertifizierung einer mit nachhaltigen Bewirtschaftungsmethoden produzierten Ware die ökonomischen Bedürfnisse der lokalen Produzenten mit dem ökologisch-ethischen Konsumverhalten der Verbraucher verknüpfen (zum Beispiel der ökologisch bedeutsamen Nutzholzbewirtschaftung, vgl. Kern 2004: 285-307).

Nachhaltigkeit – künftige Stellung Deutschlands und Europas

Zwar besteht naturgemäß eine strukturelle Spannung zwischen den kulturpolitischen Zielen der AKBP und den – vor allem kurzfristigen – Wettbewerbsinteressen der deutschen Industrie. Doch eine Verbesserung der Bildungschancen und sozio-kulturellen Verhältnisse etwa in den afrikanischen Ländern ist auch im langfristigen Interesse Deutschlands und Europas, und dies nicht nur im Blick auf die Migrationsursachen. Vor dem Hintergrund verschobener geopolitischer Verhältnisse mit der neuen Weltmacht China braucht Europa langfristig gleichberechtigte Partnerschaften jenseits der Großmächte.[2] Im Interesse nachhaltiger internationaler Politik sind Blickwinkel und Expertise der AKBP für die Folgenabschätzung geplanter Außenhandels- und -wirtschaftsmaßnahmen unverzichtbar.

Die künftige internationale Stellung von Deutschland und Europa im globalen Gefüge wird auch davon abhängen, wieweit es gelingt, den ursächlichen Zusammenhang zwischen der akuten Lage der postkolonialen Länder und der kolonialen Vergangenheit Europas anzuerkennen und aufzuarbeiten. Diese Aufarbeitung erfordert eine enge Kooperation mit Akteuren aus den betreffenden Kulturen, so wie sie jüngst für die Restitutionsfrage im Bereich der Museumspolitik – wenn auch verspätet, viel zu zögerlich und erst in Form vereinzelter Vorhaben – begonnen wurde. Allerdings sollte die Restitutionsfrage nicht auf die Streitfrage einer Rückgabe von Objekten reduziert werden (Deutscher Museumsbund 2018), sondern diese als Ausgangspunkt einer umfassenden Debatte über Restitution und kulturelles Erbe begreifen. Dazu gehört auch das im kulturellen Unbewußten Europas tief verankerte Überlegenheitsgefühl, das sich am wirkungsvollsten durch interkulturelle Begegnungen im direkten Austausch bearbeiten lässt. Zugleich gilt es, die vergangene kulturelle und religionskulturelle Diversität innerhalb der europäischen Geschichte wiederzuentdecken, die den Homogenisierungstendenzen des 19. und 20. Jahrhunderts vorausging und durch diese verdrängt wurde.

Das Expertenwissen der AKBP-Praktiker innenpolitisch nutzen

Um Innen und Außen stärker zu verknüpfen, wird heute vielfach gefordert, die AKBP im Inland mehr *sichtbar zu machen*. Das reicht nicht; wichtiger ist es, das Erfahrungswissen über fremde Kulturen und die Lage in den verschiedenen Regionen und Brennpunkten des Globus *praktisch und politisch wirksam werden zu lassen*. Wurde Auswärtige Kulturpolitik traditionell als Sprachrohr Deutschlands im Ausland verstanden, so geht es nun darum, sie auch als Hörrohr für die Stimmen anderer Länder und Kulturen zu begreifen und sie im Innern als Expertenwissen für Fragen des interkulturellen Austauschs und der internationalen Politik zu nutzen. Insbesondere in Fragen der Migrations- und Integrationspolitik, einer diversifizierten Bildungs- und Schulpolitik, des »Dialogs mit dem Islam« und für die Entwicklung eines sprachlich und kulturell diversen Medienangebots ist das Wissen der Praktiker aus der AKBP unverzichtbar.

Der Entwicklung Deutschlands zu einem de facto-Einwanderungsland hinkt die dafür notwendige interkulturelle Bildung der Mehrheit der Bevölkerung bislang hinterher. Da xenophobe ebenso wie antisemitische Haltungen im umgekehrten Verhältnis zur tatsächlichen Präsenz der als fremd markierten Gruppen stehen, braucht es konkrete Erfahrungen aus und mit ethnisch, religiös und sprachlich pluralen Gesellschaften. In diesem Sinne sollten die Erfahrungen von Praktikern der AKBP, die im Ausland tätig sind/waren, in die Bildungs- und Kulturarbeit des Innern eingebracht werden.

Alles das lässt sich in einer Maxime zusammenfassen: Es gilt, die Rolle der AKBP innenpolitisch aufzuwerten und ihre Expertise regelförmig in die anderen Ressorts zu integrieren, z.B. in Gestalt eines entwicklungs- und kulturpolitischen Nachhaltigkeitschecks für geplante Maßnahmen.

Anmerkungen

1   Es wurden 14 Regionen gebildet, in denen die lokalen Goethe-Institute gemeinsam ihre Programmarbeit beraten.

2   Dabei wirkt die Verfolgung kurzfristiger Exportinteresse ohnehin auch wirtschaftspolitisch als Bumerang. So wird ohne radikalen Wechsel in der europäischen Chinapolitik die europäische Autoindustrie dasselbe Schicksal ereilen wie die europäische Solarindustrie.

Literatur

Deutscher Museumsbund (2018), Leitfaden im Umgang mit Sammlungsgut aus kolonialen Kontexten.

Dahrendorf, Ralf (1969), Gesamtplan für die Auswärtige Kulturpolitik, in: Bulletin der Bundesregierung Nr. 147, 3.12.1969, 1254–1256.

Fuchs, Max (2006), Deutschlands Bild in der Welt (2006), in: Die dritte Säule. Beiträge zur Auswärtigen Kulturpolitik (2018), Hg. v. Olaf Zimmermann, Theo Geißler, Berlin, 41–45.

Grütters, Monika (2010), Brücken zwischen den Menschen. Zur Funktion von Kunst und Kultur, in: Die dritte Säule. Beiträge zur Auswärtigen Kulturpolitik (2018), Hg. v. Olaf Zimmermann, Theo Geißler, Berlin.

Herwarth von Bittenfeld, Hans Heinrich (1965), Die Bedeutung des Kulturellen in den Auswärtigen Beziehungen, in: Aus der Schule der Diplomatie, Düsseldorf, Wien 1965, 403–412.

Kern, Kristine (2004), Globale Gouverance durch transnationale Netzwerkorganisation, in: Dieter Gosewinkel u.a. (Hg.), Zivilgesellschaft – national und transnational, Berlin: 285–307.

Knopp, Hans-Georg (2007), Kunst im interkulturellen Dialog, in: Die dritte Säule, Beiträge zur Auswärtigen Kulturpolitik (2018), Hg. v. Olaf Zimmermann, Theo Geißler, Berlin, 251–254.

Lehmann, Klaus-Dieter (2012), Kultur eignet sich nicht zum Wettbewerb der Systeme, in: Die dritte Säule, Beiträge zur Auswärtigen Kulturpolitik (2018), Hg. v. Olaf Zimmermann, Theo Geißler, Berlin.

Lehmann, Klaus-Dieter (2020), Es gibt kein getrenntes Innen und Außen, in: AKBP. Ein Rückblick, hg. v. Johannes Ebert, Olaf Zimmermann, Berlin: Deutscher Kulturrat und Goethe-Institut 20–27, https://www.kulturrat.de/wp-content/uploads/2020/11/AKBP_Auszug.pdf

Müller, Gerd (2016), Der Schlüssel für nachhaltige Entwicklung (2016), in: Die dritte Säule, Beiträge zur Auswärtigen Kulturpolitik (2018), Hg. v. Olaf Zimmermann, Theo Geißler, Berlin, 177–180.

Zimmermann, Olaf (2018), Vorwort zu: Die dritte Säule. Beiträge zur Auswärtigen Kulturpolitik (2018), Hg. v. Olaf Zimmermann, Theo Geißler, Berlin.

Diversität im Innern und im Außen gemeinsam gestalten

Von Carsten Brosda und Andreas Görgen

Die Organisation der Kulturpolitik ist in der Bundesrepublik ein bewusst prekär gehaltenes Feld. Um jede allzu zentralistische Ballung kulturpolitischer Gestaltungskraft auf der nationalen Ebene zu verhindern, gehört der Kulturföderalismus zum Kernbestand des Grundgesetzes. Während sich deshalb heutige Feuilletondebatten regelmäßig mit dem praktischen Verhältnis zwischen Ländern und Bund in der inneren Kulturpolitik auseinandersetzen, ist eine andere Konfliktlinie schon von Beginn an im organisatorischen Kompetenzaufbau des Staates angelegt. Sie betrifft das »Innen« und »Außen« in der deutschen Kulturpolitik. Wie ihr Zusammenspiel organisiert werden kann, ist ein kulturpolitisches Leitthema der letzten 50 Jahre. Denn während die Kulturhoheit bei den Ländern liegt, ist das Auswärtige Amt (AA) für die Kulturpolitik der Bundesrepublik im Ausland zuständig, hat aber selbst wiederum keine kulturpolitische Verantwortung in der Bundesrepublik.

Was beim Schreiben des Grundgesetzes nach einer vernünftigen Differenzierung aussah, wurde und wird von der Wirklichkeit zunehmend überholt – aus einer ganzen Reihe von Gründen: Im Regierungshandeln des Bundes diversifizieren sich die Zuständigkeiten weiter aus – durch die stärkere Rolle der Gesellschaft für internationale Zusammenarbeit (GIZ) (und des Bundesministeriums für wirtschaftliche Zusammenarbeit und Entwicklung (BMZ) als Auftraggeber), durch den steigenden Einfluss des Bundesministeriums für Bildung und Forschung sowie seit der ersten Berufung eines Kulturstaatsministers (BKM) durch die rot-grüne Bundesregierung 1998 auch durch einen eigenständigen nach innen gerichteten Gestaltungsanspruch der Bundesebene. Gleichzeitig erleben wir eine Internationalisierung des kulturellen Lebens, die auch ehemals regional fokussierte Kulturarbeit beinahe zwangsläufig zur Welt hin öffnet. Nahezu jede Einrichtung – und für 90 Prozent der kulturellen Einrichtungen stehen nach wie vor die Kommunen und Länder gerade – arbeitet heutzutage international.

Zusammengenommen sind diese vielfältigen und dezentralen Angebote ein Spiegelbild der Bundesrepublik, die von ihrer Weltoffenheit lebt. Wirtschaftlich mit ihren auf den Weltmarkt ausgerichteten Unternehmen, politisch in ihrer Rolle als explizite Nicht-Hegemonialmacht, sowie kulturell, indem sie insbesondere durch die Goethe-Institute, aber auch durch zahlreiche andere zivilgesellschaftliche Organisationen und Institutionen agiert und – im Unterschied zu den allermeisten anderen Staaten – gerade nicht durch eigenes staatlich-kulturelles Handeln. Aus dieser Ausgangssituation müssen wir kulturpolitisch weitere Konsequenzen ziehen. Auf drei zentralen Feldern kristallisieren sich die Herausforderungen bereits deutlich sichtbar heraus:

Das erste Feld betrifft den Umstand, dass die Länder bei der Definition der sogenannten »auswärtigen« Kulturpolitik traditionell kaum eine Rolle spielen. Das liegt zum einen daran, dass die mächtigen zivilgesellschaftlichen Institutionen, die im und mit dem Ausland arbeiten, geradezu symbiotisch mit der Diplomatie verbunden sind und argwöhnisch auf jedes »Mehr« an staatlichen Mitrednern reagieren. Zum anderen aber ist auch der Einsatz der Länder für die internationale Arbeit ihrer regionalen Institutionen traditionell gering. Das Interesse der Landeskinder steht hier aus nachvollziehbaren Gründen oftmals vor der Arbeit an der Weltvernunft.

Doch in den letzten Jahren haben sowohl die Kulturstiftung des Bundes mit ihren Internationalisierungsprogrammen, als auch die vom AA geleiteten Anstrengungen gemeinsam mit BMZ und BKM zugunsten der internationalen Arbeit der deutschen Museen zunehmend zu einem Umdenken geführt. Die meisten Länder unterstützen mittlerweile grenzübergreifende Kooperationen ihrer Einrichtungen und sehen darin eine willkommene gesamtstaatliche Ergänzung in Bereichen, die sie selbst nur selten bearbeitet haben. Hier wächst ein gemeinsames Verständnis einer gleichermaßen regional verankerten wie international vernetzten Kulturarbeit, die aufgrund ihrer stereoskopen Optik konzeptionell nach innen und nach außen an Relevanz und Kraft gewinnt.

Ein herausragendes Beispiel für die Möglichkeiten dieser Zusammenarbeit zwischen Bund, Ländern und Kommunen ist der Umgang mit der kulturellen Verantwortung für die Folgen des Kolonialismus. In den vergangenen drei Jahren hat sich ausgehend von der gemeinsamen Entwicklung »Erster Eckpunkte zum Umgang mit Sammlungsgut aus kolonialen Kontexten« eine immer engere und direktere Zusammenarbeit der kulturpolitisch Verantwortlichen entwickelt, die über den schon länger kultivierten Meinungsaustausch hinaus auch konkrete Strukturierungen ermöglicht. Der Aufbau der Verbindungsstelle für Sammlungsgut aus kolonialen Kontexten bei der Kulturstiftung der Länder zeigt, wie aus der Arbeit im »Inneren« heraus, d.h. in den Museen und Sammlungsbeständen der Bundesrepublik, Angebote für internationale Partner entstehen können. Komplementär dazu soll die geplante Agentur für Museumskooperation des Auswärtigen Amtes nach »außen« die internationale Zusammenarbeit neu gestalten.

Aufbauend auf diesen ermutigenden Erfahrungen schreibt sich zur Zeit ein intensivierter Abstimmungsprozess des Bundes mit den Ländern zur Neubestimmung ihrer Rollen in der Auswärtigen Kulturpolitik fort, der anschließend zur Abstimmung der Kulturministerkonferenz mit einem Ressortkreis unter Leitung des AA führen soll. Dabei ist auch klar: Eine Teilhabe am »Sagen«, am Bestimmen der inhaltlichen Ausrichtung der internationalen Kulturpolitik unseres Landes setzt auch eine Teilhabe am »Haben«, an der Unterstützung dieser Dimension durch Zuwendungen und gemeinsame Programme voraus. Die Fundamente dafür werden derzeit gelegt.

Eine zweite Dimension der notwendigen Fortschreibungen betrifft die Diversität unserer Gesellschaft. Demokratie lebt von der Unterschiedlichkeit. In den Blick kommt dabei zumeist nicht die Unterschiedlichkeit von Ästhetiken, sondern lediglich die Unterschiedlichkeit politischer Meinungen in einem in Bezug auf die ethnischen und wirtschaftlichen Voraussetzungen in einem einigermaßen homogenem Raum. Dass damit auch die Exklusion bestimmter sozialer und kultureller Gruppen verbunden war, wurde gesellschaftlich hingenommen, solange der Gesamtzusammenhalt nicht gefährdet war. Doch das ist nicht mehr der Fall. Das demokratische Prinzip drängt zu Recht auf Teilhabe – vor allem dann, wenn erhebliche Teile unserer Gesellschaft immer noch nicht hinreichend in den gesellschaftlichen und kulturellen Institutionen repräsentiert sind. Unter den kulturpolitisch Verantwortlichen finden sich immer noch zu wenige Migrantinnen und Migranten, zu wenige Vertreterinnen und Vertreter nicht akademischer Milieus, zu wenige Repräsentanten der LGBTIQ und – schon seit Jahrzehnten – zu wenige Frauen. Die bürgerliche Verfestigung des kulturellen Diskurses hat nach wie vor eindeutig Schlagseite. Während die Programmatik der Kultur diverser wird, ist die Gruppe derjenigen, die diese Programmatik realisieren soll, nach wie vor erstaunlich homogen.

In dieser Situation zeigen sich zwei entgegenläufige Tendenzen im kulturpolitischen Diskurs: Wer die normativ-traditionelle Setzung einer weitgehend homogenen Kultur verteidigen will, knüpft oftmals am Kugel-Modell Herders an, demzufolge jede Nation den Mittelpunkt der Glückseligkeit in sich selbst trägt. Diese Position setzt sich fort in einem Verständnis von Kultur als »Kitt« einer Gesellschaft und reicht bis zur völkischen Grundierung, dass ethnische Homogenität eine kulturelle Errungenschaft sei. Wer hingegen diese holistischen Vorstellungen geschlossener kultureller Zusammenhänge auseinandernehmen will, dekonstruiert das ausgrenzende »Wir« und setzt ihm dekonstruierte Communities mit je eigenem Geltungsanspruch entgegen, die sich allerdings meistens gesellschaftsintern scharf von den Vertreterinnen und Vertretern traditionalistischer Vorstellungen abgrenzen. Beiden Positionen gelingt es so nicht, am modernen Verständnis einer Einheit in Vielfalt festzuhalten, in der es gelingen könnte, gesellschaftliche Übereinkünfte zu formulieren, auf deren Grundlage friedliche Diversität gelebt werden kann.

Kulturpolitisch reicht es daher nicht, diese beiden Ansätze theoretisch zu diskutieren. Es kommt vielmehr darauf an, die Leerstelle einer Ästhetik der Diversität klar zu benennen und daran anschließend das Spannungsverhältnis im Sinne einer neuerlichen gesellschaftlichen Übereinkunft politisch zu gestalten. Eine Ästhetik der Diversität würde zunächst einmal voraussetzen, dass der Kulturbereich nachholt, was in der Kunst schon sichtbar ist. Von Aladag bis Zaimoglu erleben wir weltweit größte Wertschätzung für die Künste in Deutschland. Wir erleben, dass in dieser Wahrnehmung kein Unterschied zwischen Liszt und Levit und zwischen Heine und Haratischwili gemacht wird und sind zurecht darauf stolz. Denn der Raum der Ästhetik ist ein Raum des Vertrauens auf Unterschiedlichkeit – und Vertrauen ist, anders als Freiheit, eine Ressource, die sich durch exzessiven Gebrauch vermehrt.

Zur Wahrheit zählt aber auch, dass diese Ästhetik der Diversität zurzeit in die politische Auseinandersetzung gezogen und von jenen angegriffen wird, die hierdurch die Homogenität des politischen Raumes gefährdet sehen. Aus der politischen Auseinandersetzung über verschiedenen Optionen der Wirklichkeit ist so eine Auseinandersetzung über die von und vor der Wirklichkeit geschützte Kunst geworden, wie sich das besonders in den öffentlichen Angriffen auf Igor Levit gezeigt hat.

Weltoffenheit ist aber nicht nur wirtschaftlich und politisch eine Qualität unseres Landes, sondern auch kulturell. Wer sie weiter entwickeln will, muss an dem Befund ansetzen, dass derzeit wohl in kaum einem anderen Bereich die Diskrepanz zwischen der Offenheit des Programms und der Geschlossenheit der Institutionen so groß ist wie in der Kultur. Das betrifft die Kulturpolitik im Inneren übrigens ebenso wie die im Äußeren, den Theaterintendanten und seine Dramaturgie ebenso wie die Leiterin eines Goethe-Institutes und ihre Mitarbeitenden. Hier müssen wir kulturpolitisch strukturell Veränderungen vorantreiben. Denn die persönliche Perspektive und die unterschiedliche Lebenswirklichkeit sind prägend für Institutionen und beschreiben die Möglichkeiten ihrer Veränderbarkeit. Vor allem aber werden die Institutionen erst durch eine interne Diversität wieder zu dem, was sie für eine Gesellschaft sein sollen: Resonanzräume, in denen verschiedene Perspektiven konstruktiv aufeinanderprallen und dabei durch den Raum der Kunst, durch die Behauptung von Ästhetik und nicht von Realität eben vor der Realität geschützt werden. Mit anderen Worten: Das Nicht-Einverstanden-Sein muss im ästhetischen Raum erfahren und eingeübt werden, um im politischen Raum für eine gemeinsame Realität offen zu sein.

Es ist drittens evident, dass in der kulturellen Gestaltung Deutschlands der ehemals »Auswärtigen« Kulturpolitik eine veränderte Rolle im Inneren zukommt. War die Auswärtige Kulturpolitik traditionell auf das Herdersche Kugel-Modell und eine moderne Export-Logik homogener und eindeutiger kulturelle Produkte, Denkvorstellungen und Prozesse gerichtet, so wird sie in Zukunft ihre Aufgabe darin finden, eine Ästhetik der Diversität unseres Landes nach außen und nach innen sowie die Träume und Traumata zu zeigen und zu vermitteln, die unsere Welt bestimmen. Der europäische Universalitätsanspruch muss sich mit den unterschiedlichen Ausformungen des Universellen auseinandersetzen. Dies gelingt am ehesten, wenn wir aus einer Förderung inhaltlicher Produkte und Projekte heraus auch eine Förderung gemeinsamer Strukturen in unseren Partnerländern ermöglichen.

Besonders deutlich zeigt sich das im Erfahrungsaustausch der interkulturellen Bildung oder der Erinnerungskultur: Ohne ein Grundverständnis dessen, was die Konferenzen von Bandung für die ehemaligen kolonisierten Staaten bedeutet haben, lassen sich heute weder eine verantwortliche Menschenrechtspolitik noch eine Erinnerungspolitik definieren. Michael Rothberg nennt dies eine multidirektionale Erinnerung, die wir nicht nur in unserem Land, sondern auch als selbstbewusster Partner im internationalen Kontext benötigen. Sie zählt zu den notwendigen Elementen eines weltoffenen Deutschlands. Sie wird dann gefördert werden, wenn Bund und Länder sich stärker zusammentun und die kulturelle Verwurzelung unserer Einrichtungen in Ländern und Kommunen mit ihrer internationalen Dimension zusammen denken.

Das Beispiel der Partnerschulinitiativen etwa zwischen Osterode und Kaolack (im Senegal) sollte noch stärker auf kulturelle Partnerschaften ausgedehnt werden. So kooperieren momentan etwa Hamburg und Kapstadt, indem die Direktorin des dortigen Zeitz Museum of Contemporary Art Africa (MOCAA) und bislang – leider – einziges Mitglied des Goethe-Institutes aus Afrika, Koyo Kouoh, die Kuratierung der nächsten Hamburger Triennale der Fotografie übernimmt.

In solchen noch immer viel zu seltenen und oftmals nur zufälligen Kooperationen finden sich lokale und globale Perspektiven auf beiden Seiten und ermöglichen nach außen die dringend notwendige Auseinandersetzung mit den grenzüberschreitenden Herausforderungen ästhetischer und kultureller Diversität. Gelingen wird das nur, wenn wir auch nach innen die Grenzen zwischen den kulturpolitischen Zuständigkeiten pragmatisch überwinden und zu einer noch engeren Zusammenarbeit finden.

»talk to the people« –
Postkoloniale Aufbrüche in transnationalen Kooperationsprojekten

Von Hortensia Völckers

Im Handlungsfeld transnationaler Kooperationsprojekte, in dem auch die Kulturstiftung des Bundes tätig ist, existiert der Ruf nach partnerschaftlichem Austausch und ergebnisoffenen Dialogen seit langem. Nirgends sonst wird er mit solcher Dringlichkeit formuliert wie beim Thema Kolonialgeschichte. Nirgends sonst scheinen die Hemmnisse so hartnäckig in die Systeme eingeschrieben zu sein wie beim Umgang mit dem kolonialen Erbe – bis hin zur kürzlich auch von Sigrid Weigel erwähnten Gefahr eines »Glaubwürdigkeitsverlustes der deutschen Politik« (Weigel 2019) nach außen.

Was den Klärungsprozess im Inneren anbelangt, so zeichnen sich ernsthafte Positionsverschiebungen ab. Zum Zeitpunkt der Gründung der Kulturstiftung des Bundes im Jahr 2002 schienen bereits Förderabsichten für deutsch-namibische Ausstellungsprojekte zum Thema »koloniale Schuld« Fragen darüber aufzuwerfen, wie mit hieraus möglicherweise erwachsenden Wiedergutmachungsansprüchen rechtlich umzugehen sei. Anders heute: Das im März 2019 veröffentlichte Eckpunktepapier des Bundes und der Länder manifestiert im gesamten föderalen Raum das wachsende Interesse, die Möglichkeiten einer historischen Aufarbeitung von Kolonialgeschichte zu erweitern. Zu den allgemeingültigen Positionen zählen die Dokumentation und Transparenz der Sammlungsbestände sowie die technische Möglichkeit, weltweit und ohne rechtliche Hürden Daten abrufen und nutzen zu können, ferner die Offenheit für Prozesse der Rückführung von Sammlungsgut, das Engagement in der Provenienzforschung, das einhergehen soll mit multiperspektivischen Aufbrüchen auf verschiedenen Ebenen – *inhouse* wie auch in der Kooperation mit Wissenschaft, Bildungseinrichtungen, Akteuren der Stadtgesellschaft oder internationalen Partnerinnen und Partnern.

Neue Ethik der Beziehungen

Wie aber gelingt es, diese Leitlinien im Alltag von Kultureinrichtungen zu verankern? Wie verschränken sich das kulturpolitische Außen und das institutionelle Innere zu einer – wie es Bénédicte Savoy, Mitglied im Stiftungsrat der Kulturstiftung des Bundes, jüngst bezeichnete – neuen »Ethik der Beziehungen« zwischen Akteurinnen und Akteuren in den vormals kolonisierten Regionen der Welt und den kolonisierenden Gesellschaften Europas?

Die Kulturstiftung des Bundes hat in den letzten Jahren auf verschiedene Weise versucht, Antworten auf diese Frage zu finden und Veränderungsimpulse, die in vielen Institutionen wirksam werden, durch Förderprogramme zu beleben. Satzungsgemäß beschränkt sich die Rolle hier auf die eines kulturpolitischen Relais verschiedener Anknüpfungspunkte – zwischen Projektereignissen und institutionellem Wandel, zwischen Kunst und Zivilgesellschaft, zwischen Bund und Ländern, zwischen freier Szene und festen Einrichtungen und – das liegt im Kern ihrer Relevanz für eine zukünftige Außenkulturpolitik – zwischen nationalen und internationalen Akteurinnen und Akteuren.

Ob sich Praxis und *mind-set* einer Kultureinrichtung transformieren, hängt maßgeblich von der Offenheit und Tatkraft der mitwirkenden Teams und ihrer Leitungen ab. Die Kulturstiftung des Bundes kann hier allenfalls Einladungen aussprechen – und zwar auf Projektbasis. Wie bei dem Programm »TURN«, das vom Theater und Tanz bis zu Comic und Ausstellungsprojekten künstlerische Kooperationen deutscher und afrikanischer Partnerinnen und Partner fördert. Oder wie bei der Initiative »Museum Global«, in der Kunstsammlungen, die zu den besten ihrer Art zählen, ihr tradiertes Konzept einer künstlerischen Moderne auf den Prüfstand stellen – idealerweise in Kooperation mit Kunsthistorikerinnen und Kuratoren aus dem außereuropäischen Raum und mit dem daraus resultierenden Interesse an multiplen Modernen in Indien, Brasilien oder Nigeria. Oder wie bei dem Projekt »Dekoloniale«, das zahlreiche von Landesseite geförderte Kultureinrichtungen und Ausstellungshäuser in Berlin über die Dauer von vier Jahren mit Akteurinnen und Akteuren der Zivilgesellschaft zusammenbringt, die auf eine lange Erfahrung mit der afrikanischen Diaspora und dem antikolonialen Widerstand zurückblicken und die nun mithilfe einer digitalen Topographie vermitteln, welche Spuren und Einschreibungen des Kolonialen im städtischen Raum bis ins 21. Jahrhundert fortbestehen.

Gute Geschichten mit ethnologischen Sammlungen

Oder wie beim Austausch des Ethnologischen Museums in Berlin mit seinen Partnerinnen und Partnern am oberen Rio Negro, Tiquié und Vaupés in der Grenzregion von Kolumbien und Brasilien. Diese »Beziehung« ist allerdings schon eine etwas ältere, eine von Vertrauen und von »Wissen Teilen« geprägte, in die neben Wissenschaftlerinnen, Restauratoren, indigenen Communities der Kotiria, Tuyuka und Tukano sowie zivilgesellschaftlichen Bildungsinitiativen auch eine indigene Oberschule mit eigenem Community-Museum eingebunden ist. Dieses transnationale Netzwerk geht auf ein Teilprojekt des von der Kulturstiftung des Bundes im Jahr 2012 initiierten »Humboldt Lab Dahlem« zurück. Zwischenzeitlich wurde es von der VolkswagenStiftung gefördert. In neuer Konfiguration kehrte es im Jahr 2020 unter dem Titel »Amazonien als Zukunftslabor« im Rahmen des Förderprogramms »Fonds Digital« als Kooperationsprojekt des Berliner Ethnologischen Museum und des Botanischen Museums mit dem brasilianischen Nationalmuseum in Rio de Janeiro wieder. Das Thema Digitalisierung bildet eine Klammer dieses Vorhabens. Sie ist von großer Bedeutung, um – nach außen hin – in Zeiten von Reise-Restriktionen und Corona-Pandemie Foren zu entwickeln, in denen eine inhaltliche Arbeit ohne physische Ko-Präsenz vorangetrieben werden kann. Im Inneren geht es hingegen um die Bezeichnung und Reorganisation der Sammlungsbestände im Ethnologischen und Botanischen Museum – und zwar in enger Beziehung zu den Menschen, die in der Region des Oberen Rio Negro leben oder von dort stammen.

»We talk a lot about things and ideas«, so hatte Yvonne Adhiambo Owuor anlässlich der »Shared-History«-Konferenz im September 2020 angemerkt, »we rarely talk to the people, the witnesses, to inheritants of the consequences of [the colonial] encounter« (Adhiambo Owuor 2020). Auch hier setzt das Amazonien-Projekt an. Und produziert Ergebnisse, die Staunen hervorrufen. Auf deutscher Seite, weil deutlich wird, wie wenig die Trennung der Objekte – zum Beispiel in die musealen Systembereiche von Botanik und Ethnologie – den Wahrnehmungen entspricht, die die Kotiria oder Tuyuka mit den Palmfaser-Kästen, Federbinden oder Rassellanzen verbinden. Und auch, weil die Menschen am Oberen Rio Negro diese gar nicht als Objekte wahrnehmen, sondern als lebendige Wesen, die seit Anbeginn der Zeit zu bestimmten Clans gehören und von Generation zu Generation weitervererbt wurden.

Depots zum Tanzen bringen

Staunen aber gibt es auch auf Seiten der Community-Mitglieder – darüber, dass sich ihr materielles kulturelles Erbe bewahrt hat; und zwar als Folge der »colonial encounters« vor 100 Jahren und der in Deutschland verrichteten Museumsarbeit. Und dass die im Inneren deutscher Museen verorteten Dinge – mit erheblichen Einschränkungen, die etwa mit ihrer konservatorischen Fragilität oder Toxizität zusammenhängen – zurück ins Leben geführt werden können – etwa für Musikdarbietungen. Die Flöten klingen noch, auch wenn sie eigentlich gewässert werden müssten. Oder für Rituale im Depot, die mit Palm-Elementen spontan improvisiert werden. Oder für die Errichtung eines ganzen Langhauses am Vaupés, das analog zum museal konservierten Tanzschmuck die rituelle Vergemeinschaft der Kotiria sichert und das im Zuge des Kooperationsprojektes komplett neu errichtet werden konnte. Auf diese Weise leistete ein Museum in Deutschland einen Beitrag zum indigenen Gemeinschaftsleben in einer Amazonas-Region, die heute unter Abwanderungen, ökonomischen Krisen, politischer Marginalisierung und den Folgen der Corona-Pandemie leidet.

Noch ein weiterer unverhoffter Vorteil des Überlebens der Dinge im Dahlemer Depot tut sich auf. Der Hintergrund ist ein tragischer. Für den brasilianischen Partner des »Amazonien«-Projekts sind die ethnologischen Bestände der Indigenen nahezu komplett im Brandinferno des Jahres 2018 vernichtet worden. Ein Verlust, der unwiederbringlich ist. Und dennoch eröffnet das Amazonien-Projekt für das zerstörte Nationalmuseum Rio de Janeiro und seine indigenen Partner eine Möglichkeit, die ethnologischen Bestände und das indigene Kulturerbe zu rekonstruieren und für die Zukunft zu sichern.

Keine der Fragen, die mit der Geschichte und den Hinterlassenschaften des Kolonialismus aufgeworfen werden, ist mit Kooperationsprojekten bereits gelöst – nicht die Fragen der Restitution, nicht der Umgang mit historischen Traumata, nicht die Frage nach dem Fortdauern einer kolonialen Wirtschaftsordnung im 21. Jahrhundert. Es sind aber Anfänge für die Bearbeitung dieser Fragen gemacht, es sind institutionelle Transformationsprozesse begonnen und transnationale Labore einer Wechselseitigkeit eröffnet worden, die es in – noch immer viel zu seltenen, gleichwohl glücklichen Konstellationen – erlauben, das institutionelle Innen ins Außen zu kehren und zugleich die dynamische Vielfalt des Außen in die eigene Arbeit hineinzutragen.

Literatur

Adhiambo Owuor, Yvonne (2020), Derelict Shards: The Roamings of Colonial Phantoms, Konferenz «Shared History" am 09.10.; https://lisa.gerda-henkel-stiftung.de/sharedhistory_keynote_owuor

Dokumentarfilm Miko Gaestl, Andrea Scholz (2021, derzeit in postproduction)

Eckpunkte zum Umgang mit Sammlungsgut aus kolonialen Kontexten; 13.03.2019, c/o www.kmk.org

Vernetzen-Verstehen-Vermitteln. Amazonien als Zukunftslabor; KSB -Projekt Fonds Digital. https://www.kulturstiftung-des-bundes.de/de/projekte/film_und_neue_medien/detail/kultur_digital.html

Weigel, Sigrid (2019), Transnationale Auswärtige Kulturpolitik, Stuttgart.

Die AKBP ist ein multipolares Geflecht. Einige Gedanken zur Verschmelzung von Innen und Außen in der Kulturpolitik und zur Rolle des Goethe-Instituts

Von Johannes Ebert

»Alles hängt mit allem zusammen.« Nie war Alexander von Humboldts berühmtes Diktum offensichtlicher als heute: Wenn in Brasilien der Regenwald brennt, wirkt das auf das Klima weltweit. Als in Syrien der Krieg begann, flohen Millionen von Menschen in die Nachbarländer, nach Europa, in die USA. Als sich auf einem Markt in Wuhan ein Mensch mit einem Virus infizierte, war sechs Monate später die ganze Welt betroffen.

Auch wenn die Autokraten dieser Welt die nationalen Grenzen hochziehen wollen, ist das Vergebliche solcher häufig konfrontativer Maßnahmen angesichts der globalen Verflechtung aller Lebensbereiche doch offensichtlich. Folgerichtig wird auch in der Kulturpolitik seit längerem darüber diskutiert, wie sie zu gestalten sei, wenn die Grenzen zwischen Innen und Außen immer mehr aufgehoben werden. Die Frage ist auch deshalb wichtig, weil Kultur Abbild und Reflexionsraum der realen Welt ebenso wie Gestaltungskraft für eine vielschichtige Zukunft ist – schließlich bietet sie den Freiraum für offenes Denken und globalen Austausch über Grenzen hinweg.

Deutschland ist international orientiert und in globale Zusammenhänge eingebunden. Die deutsche Gesellschaft ist aufgrund von Arbeits- und Bildungsmigration oder auch krisenbedingter Fluchtbewegungen von hoher Diversität geprägt. Daneben stehen globale Entwicklungen, die sich in den vergangenen beiden Jahrzehnten beschleunigt haben und weltweit wirken: Seit 1989 ist die Welt ein multipolares Gebilde mit unterschiedlichen Gesellschaftsentwürfen geworden, die selbstbewusst – China sei hier beispielhaft genannt – nebeneinander stehen. Themen wie Ökologie, Migration oder soziale Ungleichheit lassen sich nicht mehr innerhalb nationaler Grenzen regeln, sondern erfordern weiträumige Ansätze. Die Kolonialismus-Debatte hat ein Feld internationaler Herausforderungen in den Fokus gerückt, das zu bearbeiten ist. Die Digitalisierung hat Grenzen im positiven Sinne aufgehoben, gleichzeitig aber auch zu einer Entgrenzung mit bisweilen bedrohlichen Folgen geführt. Die Zuwanderung von Geflüchteten hat zu einer weiteren Internationalisierung Deutschlands beigetragen. Gewandert sind nicht nur Menschen, sondern auch Erinnerungskulturen, Narrative und Wertehaltungen. Mit ihnen müssen wir uns auseinandersetzen und gemeinsam lernen, ebenso wie die Ankommenden sich mit der bundesrepublikanischen Gesellschaft auseinandersetzen müssen, um Teil unseres freiheitlich-demokratischen Staatswesens zu sein. Auf weitere Zuwanderung, insbesondere von Fachkräften, werden wir für viele Jahre angewiesen sein, wenn wir Sozialsysteme und Wirtschaftskraft stabil halten wollen.

Für Institutionen wie das Goethe-Institut, das seit fast 70 Jahren den internationalen Kulturaustausch im Auftrag der Bundesrepublik Deutschland mitgestaltet, besteht die große Verantwortung darin, Menschen in den Bereichen Kultur und Bildung weltweit zu vernetzen, um globale Solidarität und Verständigung zu fördern und damit einen Beitrag zu einem gedeihlichen Zusammenleben zu leisten. Diese Verantwortung ist angesichts der eingangs beschriebenen Entwicklungen in den vergangenen Jahren gewachsen und braucht jetzt neue Weichenstellungen.

Die Auswärtige Kultur- und Bildungspolitik Deutschlands ist bisher von zwei Schritten geprägt, die sich auch in der Veränderung des Goethe-Instituts deutlich widerspiegeln. Sie müssen nun um einen dritten Schritt erweitert werden: In den frühen Jahren der Bundesrepublik ging es zunächst darum, von Deutschland aus die neue demokratische Kultur und Gesellschaft vorzustellen und in der Staatengemeinschaft zu verankern. In der Begegnung mit anderen Ländern und Kulturen entstand in einem zweiten Schritt der Anspruch, aus dieser Einbahnstraße eine Zweibahnstraße zu machen, den Kulturaustausch also von außen nach innen zu verstärken. Die Gründung des Goethe-Forums, das ab den 1990er-Jahren für zehn Jahre Bestand hatte und die zunehmende Organisation internationaler Veranstaltungen in Deutschland sind nur ein Aspekt dieser konzeptionellen Erweiterung neben vielen anderen. Die Zweibahnstraße des öffentlich geförderten Kulturaustauschs mit der Welt hatte nach außen immer den Anspruch, Autobahn zu sein, in die Gegenrichtung hat sie sich in den vergangenen Jahrzehnten immerhin zu einer Landstraße entwickelt. Angesichts der Globalisierung und der damit verbundenen Aufhebung von Innen und Außen hat das Bild der Zweibahnstraße zwei Schwächen: Sie verbindet nur zwei Orte und sie führt nur in zwei Richtungen.

In unserer neuen multipolaren Welt brauchen wir deshalb als dritten Schritt ein neues kulturpolitisches Denkmodell, das multipolar ist. Das zeitgemäße Modell der Kultur- und Bildungspolitik in Zeiten der Globalisierung ist deshalb ein multidimensionales Geflecht. Es besteht aus einer scheinbar unendlichen Zahl von kulturellen Akteuren, die durch viele Wege, Synapsen und sich verästelnde Verbindungen verknüpft sind. Je stärker, zahlreicher und offener diese Kanäle, desto wirksamer sind die Impulse und die Nachhaltigkeit der internationalen Verständigung, die wir für globalen Austausch und Stabilität brauchen.

Aus diesem multidimensionalen Modell lässt sich die Auswärtige Kultur- und Bildungspolitik weiterentwickeln. Das Goethe-Institut hat in diesem System – wie auch andere Mittlerorganisationen der AKBP in Deutschland und anderen Ländern – die Funktion eines Verteilers und Ermöglichers. Die Verteilerstation mit ihrem weltweiten Netzwerk gibt Impulse in alle Richtungen. Sie entdeckt neue Strömungen und Entwicklungen an der einen Stelle, nimmt sie auf und gibt sie über die weitverzweigten Verbindungen im multidimensionalen Netzwerk an möglichst viele Punkte weiter – immer mit ihrem grundlegenden Ziel, Zugänge zu erweitern und so zu einer globalen Verständigung beizutragen. Das Institut unterstützt Akteure aus Deutschland, die sich ebenfalls in den vergangenen Jahren zusehends internationalisiert haben, noch gezielter in dieses Netz hineinzuwirken und die Synapsen optimal zu nutzen – nicht im Sinne von Einbahn- oder Zweibahnstraßen, sondern als Teil eines Geflechts, das in lokalem Wissen und lokalen Kooperationen wurzelt, sie aber um ein Vielfaches erweitert.

Das System hat jedoch einen blinden Fleck: Die Verteilerstation Goethe-Institut wirkt zwar in die ganze Welt und auch zwischen vielen Orten weltweit. Weil sie aber gedanklich weiterhin dem historischen Modell der Einbahnstraße verbunden ist, nutzt sie dieses Potenzial vor dem Hintergrund der skizzierten Rahmenbedingungen der Globalisierung in zu geringem Maße im Inland. Hier gilt es, gemeinsam mit Kulturpartnern in Deutschland, aber auch den zwölf deutschen Goethe-Instituten als Teil des weltweiten Instituts-Netzwerks, neue Impulse zu setzen. Sie können das Lernen von anderen Ländern ermöglichen und damit Prozesse in gesellschaftlichen Bereichen voranbringen, die von der zunehmenden Diversität und Internationalität Deutschlands betroffen sind. Sie können das Verständnis von anderen Gesellschaften hierzulande erhöhen und zum Gelingen eines Zusammenlebens in Diversität ebenso beitragen wie zum Erfolg Deutschlands in internationalen

Kontexten. Will man das volle Potenzial der Verteilerstation Goethe-Institut ausnutzen, braucht es deshalb eine Ausweitung des politischen Mandats, auch in Deutschland wirksam zu werden und erste erfolgreiche Ansätze der Arbeit hier weiter auszubauen.

Konkret sind es drei Felder, zu denen das Goethe-Institut einen Beitrag leisten kann:

1. Globale Debatten

Die Programme des Goethe-Instituts, die innerdeutsche Debatten durch Stimmen und Beiträge aus dem Ausland internationalisieren, müssen ausgebaut werden. Denn nur, wenn wir die Sichtweisen und aktuellen Diskussionen anderer Gesellschaften wahrnehmen, können wir in einen Dialog treten, unsere eigenen Werte verorten und gemeinsam lernen. Solche Programme fördern zudem die Anerkennung und Teilhabe von Menschen mit internationaler Geschichte und Herkunft in unseren eigenen Gesellschaften, indem sie Hintergründe der Ursprungsgesellschaften zugänglich machen. Aus den Projekten des Goethe-Instituts, die in den vergangenen Jahren in Deutschland zu Themen wie europäische Nachbarschaft, Diversität, Kolonialismus und anderen stattgefunden haben, sei beispielhaft das »Kultursymposium Weimar« genannt. Es hat 2016 und 2019 zu den Themen »Teilen und Tauschen« und »Die Route wird neu berechnet« globale Stimmen aus dem Netzwerk des Goethe-Instituts an einem Ort in Deutschland versammelt. 2021 behandelt das Kultursymposium Weimar das Thema »Generationen«. Darüber hinaus muss es uns gelingen, mit solchen Angeboten nicht nur in Berlin, München, Hamburg und anderen Orten, die über starke Kultureinrichtungen verfügen, präsent zu sein, sondern auch in mittelgroßen Städten bis hin zu Kultur- und Bildungseinrichtungen in Orten der Peripherie. Die Chancen, die sich in der Corona-Krise durch die Reichweite von digitalen Programmen geboten haben, sind hier stärker zu nutzen.

2. Internationale kulturelle Bildung

Dieser Ansatz ließe sich vertiefen, indem man internationale kulturelle Bildungsangebote in Deutschland schafft und ausbaut. Zahlreiche hervorragende Akteure der kulturellen Bildung tragen dazu bei, die Kohäsion zwischen den gesellschaftlichen Gruppen zu verstärken. Das Goethe-Institut kann diese Arbeit bereichern und einen Beitrag leisten, der sich aus seiner internationalen Aufstellung und seiner Erfahrung in der transkulturellen Zusammenarbeit speist. So legt das Goethe-Institut weltweit Programme zur kulturellen und gesellschaftlichen Bildung auf: etwa »Respekt«, eine große EU-geförderte Initiative in Russland, bei der europäische Comic-Künstlerinnen und -Künstler mit ihren Geschichten an Schulen für Toleranz werben. Oder das Projekt »Carte Blanche«, in dem auf dem Höhepunkt der Diskussion um Geflüchtete drei arabische Goethe-Institute einen Monat lang in drei Städten Mittelosteuropas Kulturprogramme organisierten und so einen positiven Zugang zur arabischen Gesellschaft ermöglichten. Solche Programme können auch für die deutsche Gesellschaft fruchtbar sein. Viele der Menschen, die in Deutschland ankommen, stammen aus Gemeinschaften, mit denen die Goethe-Institute im Ausland arbeiten. Angebote, die in den Erfahrungen dieser internationalen kulturellen Bildungsarbeit gründen, können die Ankommenden dabei unterstützen, gesellschaftliche Teilhabe zu erlangen. Ziel ist, das Netzwerk der zwölf Goethe-Institute in Deutschland über seine Deutsch-Angebote hinaus in Kooperation mit vielen anderen Akteuren zu Orten der transkulturellen Begegnung und Weiterbildung zu machen. Es ist deshalb ein wichtiger Schritt, dass das Konzept der »Zentren für internationale kulturelle Bildung an den Goethe-Instituten in Deutschland« in den Maßnahmenkatalog des Kabinettsausschusses gegen Rassismus und Rechtsradikalismus Aufnahme gefunden hat. Solche Zentren sollen mit Unterstützung des Auswärtigen Amts und der Beauftragten für Kultur und Medien in Dresden, Mannheim, Schwäbisch Hall, Bonn und Hamburg entstehen und in enger Kooperation mit Partnern vor Ort die kulturelle und gesellschaftliche Bildung um internationale Impulse bereichern.

3. Mehrsprachigkeit und Jugendaustausch

Der wichtigste Ort, um die Diversität einer Gesellschaft einzuüben, ist die Schule. In den deutschen Lehrplänen jedoch hat sich die neue Multipolarität der Welt noch kaum niedergeschlagen. Deshalb sollte das Thema Mehrsprachigkeit stärker in den Fokus rücken, weil Sprache einen zentralen Zugang zu Kultur und Gesellschaft darstellt. Natürlich ist Englisch ein Muss, und es ist auch wichtig, dass mit Französisch die Sprache des größten Nachbarn ihren Platz im deutschen Stundenplan hat. Angesichts einer multipolaren Welt sind jedoch Angebote großer Sprachen wie Chinesisch oder Russisch oder auch von

Nachbarsprachen wie Polnisch oder Tschechisch unterrepräsentiert. Jugendaustauschprogramme in Europa und über Europa hinaus sind zu verstärken, wenn man der jungen Generation die Chancen und Herausforderungen einer diversen und dynamischen Welt nahebringen will. Programme wie das jüngst von der Stiftung Mercator und dem Goethe-Institut ins Leben gerufene »Bildungsnetzwerk China« oder auch »Schulwärts«, das deutschen Lehramtsanwärterinnen und -anwärtern über Praktika einen Einblick in ausländische Schulsysteme ermöglicht, sowie viele andere Programme dieser Art leisten dazu einen wichtigen Beitrag. Absolventinnen und Absolventen haben nach ihrer Rückkehr auch eine höhere Sensibilität für die Chancen der Diversität in ihrem eigenen Umfeld. Denn in deutschen Klassenzimmern sitzen – lebendiger Ausdruck dafür, dass die Grenzen zwischen Innen und Außen aufgehoben sind – Kinder ganz unterschiedlicher Herkünfte und bilden ein Potenzial, das in der Bildungspolitik hierzulande noch stärker wahrgenommen und genutzt werden sollte.

Die Verschmelzung von Innen und Außen in der Kulturpolitik stellt, wenn sie in positivem Sinne betrachtet und betrieben wird, eine große Chance für Deutschland dar. Denn Diversität, weltweite Interaktion und gemeinsames, gegenseitiges Lernen sind in einer global vernetzten Welt unabdinglich. Die europäische Zusammenarbeit kann hier eine wichtige Rolle spielen und beispielhaft verdeutlichen, wie grenzüberschreitende und multidimensionale Kooperation in den Feldern Kultur und Bildung funktionieren kann. Auch die Frage, ob und wie Diversität in der eigenen Institution als Chance verstanden wird, spielt bei diesen Überlegungen eine wichtige Rolle. So arbeitet das Goethe-Institut zum einen daran, das Innen und Außen durch die Aufnahme ausländischer Mitglieder auch in den eigenen Gremien stärker abzubilden, und zum anderen auch daran, strukturelle Hindernisse für Diversität durch Selbstreflexion und Überprüfung von Arbeitsweisen und Prozessen in der eigenen Institution offenzulegen und Zugänge zu öffnen. Für die Zukunft könnte es zudem erfolgreich sein, internationale Impulse und Kontakte auch in Gremien oder bei Strategieprozessen von Kultureinrichtungen auf Länder- und kommunaler Ebene zu vermitteln, um die globalen Verbindungen der kulturellen Arbeit in Deutschland in der Fläche aktiv zu reflektieren.

Allerdings stellt sich die Frage, ob diese Diskussion um die immer stärkere Verschränkung von Innen und Außen nicht eine rein deutsche, von innen heraus gedachte ist. Denn das skizzierte Modell eines multipolaren Geflechts funktioniert dann am besten, wenn zwischen den Partnern möglichst wenige Hemmnisse existieren, wie sie beispielsweise eine rein nationalstaatlich orientierte Innen- und Außenkulturpolitik mit sich bringt. Es scheint jedoch, dass in vielen Ländern gerade die nationale Repräsentation und Selbstdarstellung weiterhin das Leitmotiv außenkulturpolitischer Konzepte ist. Hier gilt es, die Vorzüge des multipolaren Netzwerks zu verdeutlichen und durch partnerschaftliche und multilaterale Programme Vertrauen zu schaffen.

Das Innen nach Außen? Oder was wohin?
Zur Arbeit der Deutschen Welle

Von Peter Limbourg

Die digitalisierte, vernetzte Welt will mehr voneinander wissen: Mehr als eine Milliarde Zugriffe verzeichnete die Deutsche Welle (DW) im Juli 2020 auf ihre Online-Angebote, darunter fast 475 Millionen auf diejenigen in arabischer Sprache. Vor allem in den sozialen Netzwerken und auf den Plattformen Facebook und Twitter, Youtube und Instagram riefen Menschen zwischen Marokko und Saudi-Arabien journalistische Inhalte der DW ab. Ihnen ist es wichtig, sich über internationale Ereignisse und Vorgänge in ihrem eigenen Land zu informieren, deutsche und europäische Perspektiven auf das aktuelle Geschehen kennenzulernen und sich untereinander sowie mit den DW-Redakteurinnen und -Redakteuren in Bonn und Berlin auszutauschen. Regelmäßig lösen Posts der Redaktion Tausende, mitunter Zigtausende Interaktionen in und mit der arabischen Welt aus.

Möglich gemacht hat diesen Alltagsdialog die Digitalisierung. Bis zur Jahrtausendwende hat die DW sich mit Kurzwellensendungen in arabischer Sprache an die Menschen in der Region gewandt – eine kommunikative Einbahnstraße. Der Siegeszug des Internets und insbesondere mobiler digitaler Endgeräte haben Multi-Channel-Kommunikation und Echtzeit-Dialog auf Augenhöhe ermöglicht.

Der Dialog besonders mit dieser Region ist wichtiger denn je, da – auf beiden Seiten – mangelndes Wissen, Unverständnis, Geringschätzung kultureller Leistungen und Besonderheiten das Verhältnis zwischen arabischer und westlicher Welt belasten. Daneben sind es global relevante Themen, die verbinden und Austausch erfordern: ob Corona-Pandemie oder Klimawandel, Umweltschutz oder Migration. Viele Menschen im Ausland wollen wissen, wie Deutschland mit diesen Themen umgeht. Hier wirkt die DW als mediale Brücke.

Das dialogische Prinzip in der Angebotsgestaltung der DW ist im Programmauftrag deutlich akzentuiert: Die Angebote »sollen deutschen und anderen Sichtweisen zu wesentlichen Themen vor allem der Politik, Kultur und Wirtschaft sowohl in Europa wie in anderen Kontinenten ein Forum geben, mit dem Ziel, das Verständnis und den Austausch der Kulturen und Völker zu fördern«. Freiheit, Dialog und Wissen – hierfür steht die DW. Als unabhängiges, internationales Medienunternehmen aus Deutschland informiert sie Menschen weltweit, damit sie sich frei entscheiden können.

Journalistinnen und Journalisten aus 60 Nationen setzen den Programmauftrag um. Sie produzieren Inhalte in 30 Sprachen – wichtigste Voraussetzung dafür, die Menschen in den Zielregionen zu erreichen. Die diverse Zusammensetzung der Redaktionen – und des Vertriebs – ist Voraussetzung für zielgruppengenaue Angebote und erfolgreiche Präsenz in den jeweiligen Medienmärkten. Lebenswirklichkeit, Themeninteressen und Vorwissen der Nutzerinnen und Nutzer sind überall unterschiedlich. Schon die arabische Welt ist kein monolithischer Block. Hier geht es darum, passgenaue Inhalte zu entwickeln und eine weitere Perspektive auf die wichtigsten Geschehnisse in der Zielregion und der Welt anzubieten.

Um näher an deren Bedürfnissen, Interessen und Wünschen zu sein, baut die DW ihre Korrespondentenbüros aus und kooperiert mit Medienhäusern in den Zielgebieten. Gastredakteure, die für eine begrenzte Zeit bei der DW arbeiten, bringen wichtigen Input und stellen die lebendige Verbindung ins Zielgebiet sicher. Umgekehrt bereichern die Auslandsbüros der DW mit ihren Themen zugleich die deutsche und europäische Nachrichtenagenda. Den Ausbau ihrer Auslandsstandorte wird die DW in den nächsten Jahren daher konsequent vorantreiben. Über den Programmaustausch mit Landesrundfunkanstalten, ZDF und gelegentlich auch kommerziellen Sendern finden Beiträge des deutschen Auslandssenders immer wieder den Weg in die deutsche Öffentlichkeit.

Ganz im Sinne eines Dialogs auf Augenhöhe sind TV-Schalten von DW-Journalisten mit reichweitenstarken ausländischen Partnersendern. Sie bewähren sich als Informations- und Wissensbrücke zu aktuellen Ereignissen in Politik, Kultur und Wirtschaft, die Deutschland selbst in besonderer Weise betreffen. Umgekehrt sind ausländische DW-Journalisten gefragte Gesprächs- und Interviewpartner deutscher Medien. Sie vermitteln das Außen nach Innen, wenn sie beispielsweise dem hiesigen Publikum Hintergründe zu Vorgängen in ihrer Heimat erläutern.

Außen und Innen lösen sich in den Kooperationsprojekten der DW mit ausländischen Sendern auf. Sie sind Ausdruck echter Partnerschaft und eines Kulturdialogs – auch wenn es nicht immer um Kulturthemen im engeren Sinne geht.

2015 hat die DW mit Channels TV, dem reichweitenstärksten privaten Nachrichtensender Nigerias, das Umweltmagazin »Eco Africa« entwickelt. Es legt den Fokus auf ökologische Innovationen, Klimaschutzideen und Best-Practice-Beispiele aus Afrika, Europa und aller Welt. Das Magazin ist interaktiv angelegt: Zuschauerinnen und Zuschauer können über Soziale Medien Beiträge hochladen und eigene Ideen einbringen. Die DW verbreitet »Eco Africa« in ihrem englischen TV-Programm und online. Der gemeinschaftliche Ansatz hat eine solche Nachfrage erzeugt, dass inzwischen auch eine französische und portugiesische Ausgabe des Magazins produziert werden. Mehr als 70 Sender in ganz Afrika übernehmen die Sendung. Ein vergleichbares Format hat die DW 2018 mit einem renommierten indischen Medienpartner gestartet. Dies zeigt die Chancen, die eine intelligente, ehrliche Verbindung von »Innen und Außen« im Medienbereich bietet.

Der gemeinsame Blick aus unterschiedlicher Perspektive auf global relevante Themen, der Austausch spezifischer Erfahrungen und Ansätze führt zu inspirierenden Ergebnissen. Es sind solche »völkerverbindenden« journalistischen Formate, die beim Publikum besonders gut ankommen – weil sie die Idee einer Welt solidarischen Handelns mit konkretem Beispiel unterlegen. Sobald es die Umstände in den stark reglementierten Medienmärkten der arabischen Welt zulassen, können sie auch dort ein Ansatz sein, den Austausch weiter zu fördern und das wechselseitige Verständnis zu stärken.

Wie das Humboldt Forum Innen und Außen verbindet

Von Hartmut Dorgerloh

*Ick sitze da un' esse Klops
uff eemal klopp's
Ick kieke, staune, wundre mir,
uff eemal jeht se uff die Tür.
Nanu, denk ick, ick denk nanu
jetz isse uff, erst war se zu!
Ick jehe raus und kieke
und wer steht draußen? Icke!*

Traditionelles Berliner Gedicht, publiziert in: Europa-Almanach, Carl Einstein und Paul Westheim (Hg.) 1925, vertont von Kurt Weill.

Es scheint, als gebe es nur ein Entweder/Oder: Innen *oder* Außen. Die Möglichkeit eines Perspektivwechsels, das beschränkende Inseitige zu verlassen und zugleich die ausseitige Beobachterrolle einzunehmen, um die Situation neu und anders betrachten zu können, ist uns nur bedingt gegeben. Das wusste auch der Berliner Volksmund, wie es das eingangs zitierte populäre Gedicht so treffend beschreibt. »Innen« und »Außen« scheinen auf den ersten Blick unvereinbare Kontrahenten – ein Gegensatzpaar. Bezeichnet doch das Innere etwas Nahestehendes und Eigenes, wenn nicht gar intrinsisch Seiendes, etwas Vertrautes oder Verwandtes, aber auch in sich Begrenztes. Das Außen hingegen ist schwerer fassbar, imaginiert als etwas Distanziertes, weiträumig Umfassendes, Unbegrenztes, aber auch Unbekanntes – wahrgenommen als das viele, mögliche *Andere*.

Auch wenn sie scheinbar klar voneinander getrennt in einem Spannungsverhältnis stehen, wirken Innen und Außen doch ineinander, sie bedingen und relativieren sich zugleich. Beide Qualitäten bilden nicht zwangsläufig einen Antagonismus: Innen und Außen, Drinnen und Draußen, Inklusion und Exklusion sind relativ, ein Gleichzeitiges, ein Vieles. Das außerhalb Stehende tritt in Wechselwirkung mit dem Inneren, das innerhalb Stehende kann im Perspektivwechsel zum

Außenstehenden werden. Innen und Außen nicht dichotomisch zu denken, eben nicht als »ihr da« und »wir hier«, sondern beide universalen Seins- und Erfahrungswelten miteinander zu verbinden, sie durchlässig zu machen und wandelbar zu halten, ist heute eine universale Herausforderung für unsere Welt.

Wie steht es nun aber um das Verhältnis zwischen Innen und Außen beim Humboldt Forum? Gleich einem gesellschaftlichen Ausschnitt fallen hier ganz unterschiedliche Binnenperspektiven auseinander und zugleich zusammen, um gemeinsam den Kontakt zu einem »Außen« aufzunehmen – zur Berliner Stadtgesellschaft ebenso wie zu bundesdeutschen oder internationalen Öffentlichkeiten.

Drei Faktoren – Architektur, Struktur und Programm – sollen an dieser Stelle benannt werden, die das Verhältnis zwischen Innen und Außen im Humboldt Forum immer wieder neu ausbalancieren werden.

1. Für Franco Stella war es ein wichtiges Element seines Entwurfs für den neuen Gebäudekomplex, dass die Trennlinie zwischen Innen und Außen verschwimmt, um ein soziales Verhältnis zur Stadt zu begründen: Vier Portale, Schlüterhof und eine Passage quer von Süd nach Nord stehen permanent offen und schaffen wie die Terrassen an der Spree neue urbane Räume. Auch die Entscheidung zum (vorerst noch befristeten) freien Eintritt für die Dauerausstellungen im Humboldt Forum folgte der Idee eines ungehinderten »Drinseins«. Einer sozialräumlichen Spaltung entgegenwirkend stehen die Türen offen für alle, die sich – woher auch immer kommend – im Forum einfinden und mit größtmöglicher Toleranz und Offenheit aufeinander zubewegen wollen, ob in den gastronomischen Einrichtungen, auf der Aussichtsterrasse, in den Ausstellungsmodulen, den Werkräumen des großen Bereichs für kulturelle Bildung oder in den Veranstaltungssälen.

2. Das Nebeneinander und ineinander Verwobene unterschiedlicher Anschauungsweisen als Qualität zu begreifen, ist bereits in die Struktur des Humboldt Forums eingeschrieben: Vier Partnerinstitutionen und ihre Netzwerke kommen auf rund 30.000 qm Fläche und auf fünf Geschossebenen zusammen. Mit ihren spezifischen Ausrichtungen, Themenansätzen und Angeboten sowie der Lust an der Suche nach Anknüpfungspunkten definieren sie den globalen Horizont dieser neuen Kultureinrichtung: die *Stiftung Humboldt Forum im Berliner Schloss* mit dem Themenkomplex der Geschichte des Ortes, mit kulturellen und wissenschaftlichen Veranstaltungen, Wechsel- und Sonderausstellungen; die *Stiftung Stadtmuseum Berlin* mit dem Fokus auf Berlin und seinen Verbindungen in die Welt;

die *Staatlichen Museen zu Berlin/Stiftung Preußischer Kulturbesitz* mit den (historischen), ehemals in Dahlem ausgestellten Sammlungsbeständen aus Afrika, Asien, Ozeanien, Nord- und Südamerika sowie dem *Phonogrammarchiv* und nicht zuletzt die *Humboldt-Universität zu Berlin* mit dem Lautarchiv sowie einem Wissenschaftslabor, das als lebendige Ideenwerkstatt viele der aktuellen globalen gesellschaftlichen Themen aufgreift. Die *Berlin University Alliance*, die Exzellenzcluster der Berliner Universitäten, der *Forschungscampus Dahlem*, eine mit dem Humboldt Forum verlinkte Stiftungsprofessur an der *Humboldt-Universität*, sowie Research- und Residency-Programme werden mit ihren transdisziplinären Forschungsansätzen in das Humboldt Forum hineinwirken. Bereits diese Inseln im Humboldt Forum machen im täglichen Miteinander bewusst, dass es ein einheitliches Wissen, Denken, Glauben und Fühlen nicht gibt, das Innen immer mit dem Außen in Verbindung steht und Selbsterklärungs- und Aushandlungsprozesse immer notwendig sind.

Um Objektforschung und Sammlungswissen einer globalen Öffentlichkeit zugänglich zu machen, wird derzeit das Projekt »Sammlung online« akteursübergreifend realisiert. Dieses umfangreiche digitale Archiv bildet alle unter dem Dach des Humboldt Forums ausgestellten Objekte und zugehörigen Informationen ab. Als digitales Schaufenster ermöglicht es Museumsbesucherinnen und -besuchern wie einer globalen Öffentlichkeit eine interessengeleitete Kontaktaufnahme mit den Sammlungen und dient zugleich als erweiterbarer Wissensspeicher, der aus der Perspektivvielfalt schöpft – für ein größtmögliches Miteinander.

3. Nicht die Reduktion, sondern die Steigerung von Komplexität ist das Anliegen der Programmarbeit – von Ausstellungen, Veranstaltungen, Bildungs- und Forschungsangeboten. Sie ist nur über die Entäußerung des Inneren möglich: Wechselwirkung im Humboldt´schen Sinne gibt es nicht ohne Variabilität. Veranstaltungen, Ausstellungen, Bildungs- und Forschungsformate werden in der Zusammenführung all dieser »Inhaltsstoffe«, in der Vielschichtigkeit der Fragestellungen und methodischen Ansätze, vor allem jedoch unter Einbeziehung unterschiedlicher Sichtweisen aus den verschiedenen Weltregionen neue Zusammenhänge aufzeigen, die einer Segmentierung entgegenwirken können – im Kleinen wie im Großen, im Einfachen wie im Komplizierten.

Für alle vier programmatischen Kernthemen des Humboldt Forums – Kolonialismus und Kolonialität, der Umgang mit ethnologischen Sammlungen, das Erbe der Brüder Humboldt und die Geschichte des Ortes – gilt es, vertraute Standpunkte mit anderen, unbequemen, den

Blick erweiternden und Veränderung im Denken anstoßenden Sichtweisen zu konfrontieren. Die Anregung zum eigenständigen (Über-)Denken ist Sinn und Zweck. Mit der Erkenntnis, dass die eigene Anschauung nicht das Maß aller Dinge ist, relativieren sich diverse Perspektiven in der Zusammenschau. Die Kippmechanismen von Innen und Außen werden beweglich, die Grenzen verschieben sich in der Wahrnehmung eines vermeintlich anderen Gegenübers.

Eine Möglichkeit, die Perspektiven von außen nach innen zu kehren, ist das Prinzip der Mitwirkung: Besucherinnen und Besucher werden zu Beteiligten. Durch gemeinsam in Co-Kuration und Kooperation verwirklichte Projekte mit internationalen Partnerinnen, mit Vertreterinnen multipler Source Communities, Künstlerinnen, Ausstellungsmacherinnen, Wissenschaftlerinnen, Praktikerinnen oder gesellschaftlich Engagierten, lassen sich multiperspektivische und transdisziplinäre Zugänge verwirklichen und ein Ausschnitt der Vielfalt interpretatorischer Ansätze sichtbar machen. George Abungu, Mitglied des internationalen Expertinnen und -expertengremiums, brachte es auf den Punkt: »If you do something for me without me, you are against me«. Im Humboldt Forum wird dieser Leitspruch für die Konzeption und Umsetzung von Sonder- und Wechselausstellungen wie auch Veranstaltungsreihen wegweisend sein müssen.

Gerade angesichts eines wachsenden gesellschaftlichen Spannungsverhältnisses, in dem sich die Gleichzeitigkeit von »Drinnen« und »Draußen« in vielen Dimensionen manifestiert, braucht es den weltgemeinschaftlichen Zusammenhang. »Innen« und »Außen« werden sich niemals vollkommen auflösen lassen. Vielmehr sind beide Dimensionen und ihre Qualitäten notwendig, um Vielfalt zu schützen und gleichschaltende Totalität zu verhindern – wenn sich Distanz und Nähe als Korrektive in der Balance halten. Der zu leistende Beitrag wäre vielmehr, sich der wandelbaren Existenzen eines »Innen« und »Außen« stärker bewusst zu werden und beide durchlässiger werden zu lassen, Umkehrmöglichkeiten zu bieten, sie gesellschaftlich immer wieder neu zu definieren – mithilfe der Vielzahl an möglichen Blickwinkeln, die ihren Ausdruck und ihr Gehör finden müssen. Mit seinen Möglichkeiten will das Humboldt Forum versuchen, in diese Richtung zu wirken, unter der Mitwirkung Vieler und begleitet von einem couragierten Experimentier- und Widerspruchsgeist, der, so bleibt zu hoffen, mit ins Forum einzieht.

Weltoffen statt total glokal

Von Odila Triebel

Eine Begegnung

Wäre sie fast heruntergefallen und dabei zerbrochen, die Holzskulptur aus dem 16. Jahrhundert? Sie steht auf einem etwa ein Meter hohen Sockel in der Mitte eines Lucas Cranach und der Kunst seiner Zeit gewidmeten Raumes im Germanischen Nationalmuseum in Nürnberg. Ich stand gerade noch vor einem Marienaltar und versuchte auf die Frage meines Gastes aus China zu antworten, was denn daran meine Aufmerksamkeit so fessele. Ich überlegte noch, wo ich ansetzen könnte, um die auffällige Leiblichkeit Mariens, die fast biologische Genauigkeit der dargestellten Gebär- und Lebenskraft im Kontext eines patriarchalen Christentums und weitverbreiteter Auffassungen im vorhergehenden Mittelalter zu erklären. Ich versuchte noch einzuschätzen, was ich bei meinem Gegenüber an Vorkenntnissen voraussetzen könnte, welchen Reflexionsgrad seiner eigenen Kultur – da sah ich aus meinem Augenwinkel eine weitere Teilnehmerin der Gruppe mit ihren Ellenbogen auf eben diesem Sockel lehnen, das Handy in der Hand, die Hände bereits beinahe am Holz dieser Spitzenleistung der Bildhauerei der Renaissance, und mit den Fingern eifrig chattend. Sie stand am Rand des Restes der Gruppe, die dem Museumsdirektor am Ende der Führung, zusammengerückt zwischen den Kunstwerken, noch einige Fragen stellte. Eine zu schnelle Reaktion hätte vermutlich weitere unbedachte und womöglich hektische Bewegungen an dem delikaten Faltenwurf verursacht. Was also tun. Erschrocken, aber leise ging ich zum Direktor, zupfte ihn am Ärmel und deutete in Richtung besagter Besucherin. Er drehte sich zu ihr hin und sagte mit der ruhigen Souveränität eines Hausherrn: »Entschuldigen Sie, treten Sie bitte etwas zurück.«

Im Bus auf dem Weg zurück zum Tagungsort wollte ich darüber nachdenken, wie ich diese Situation zum Gegenstand der folgenden Diskussionsrunde zu Geschichte und kultureller Bildung machen könnte, in der Balance, den Ernst des Ereignisses deutlich zu machen, ohne dabei zu beschämen. Mit ruhigem Überlegen wurde es nichts, mein Sitznachbar im Bus wollte noch über das Besichtigungsziel vor dem Museumsbesuch mit mir sprechen. Die Architektur des Reichparteitagsgeländes, sagte er, die sei doch sehr eindrucksvoll, man könne sehen, was für eine Macht Hitler gehabt habe. Er habe das Land doch »modernisiert«, das hätte er mit ganz Europa machen können. Ob man nicht doch die Geschichte in größeren Zeiträumen betrachten müsse? Ich fragte: Aber die Bilder und Zeugnisse, die Sie im Dokumentationszentrum gesehen haben, was sagen die Ihnen? Ja doch, entgegnete er, aber Geschichte sei manchmal beides? Und so versuchte ich herauszufinden, ob er den Nationalsozialismus zu verharmlosen suchte oder mir gerade ein vorsichtiges Angebot machte, über die Abgründe des »Großen Sprungs nach vorne« zu sprechen...

Zurück am Tagungsort setze ich bei der Unersetzlichkeit künstlerischer Leistung an, bei der Dankbarkeit dafür, dass einzigartige Kunstwerke über Jahrhunderte hinweg gerettet und erhalten werden konnten, bei der fast sakralen Bedeutung, die kulturelles Erbe für die Menschheit hat und die zum gemeinsamen Staunen und Lernen einlädt. Dass diese Statue, Walter Benjamin zitierend, genau deswegen eben nicht reproduzierbar sei. Dass Museen deswegen Orte von Bedeutung seien, Bewahrer unerschöpflicher Informationsquellen historischer Materialität. Ich nahm eine große Aufmerksamkeit im Raum wahr. Stille. Und dann die erste Frage: Aber warum sichert ihr diese Orte und solche Kunstwerke nicht besser? Wo waren die Absperrung, das elektronische Warnsignal? Dann hätten wir den Wert besser erkennen können.

Genau das habe ich den Direktor auch gefragt, entgegne ich. Er habe erwidert, dass es ihm darum gehe, intrinsischen Respekt und ein rücksichtsvolles Verhalten zu fördern, indem sich jeder sehr vorsichtig bewegen muss. Das Museum traue den Besuchern eine solche Wertschätzung zu. Und bis jetzt sei es gut gegangen.

Das Innen im Außen und das Außen im Innen

Diese Geschichte aus dem Jahr 2019 hat viele Facetten, von denen aus Argumente entwickelt werden können, wie Kultur und ihre Aufgaben in der Weltgesellschaft des 21. Jahrhunderts verstanden werden könnten. Im Folgenden möchte ich den Raum des Respektes ins Zentrum rücken, der selbst nicht ausgewiesen ist, aber im Modus des »Bisher-ist-alles-gut-Gegangen« hier vorausgesetzt wird.

Die Kulturpolitik des 21. Jahrhunderts wird davon geprägt sein, dass Gesellschaften viel mehr voneinander wissen, wahrnehmen und wechselseitig kommentieren als in früheren Zeiten. Niemand ist unbeobachtet oder allein in der vernetzten Welt. Angesichts globaler Herausforderungen wie des Klimawandels oder der Pandemie Covid-19 nimmt einerseits die Einsicht in Kooperationsnotwendigkeiten zu, andererseits mehren sich aber auch Einfluss- und Verteilungskämpfe. Es sind ja nicht nur die Kommunikationsbedingungen und Mobilitätsmöglichkeiten, die die Grenzen durchlässiger gemacht haben. Globalisierung als transnationales Wirtschaftsprojekt hat zu einer Entterritorialisierung der Staaten geführt. Die von Jürgen Habermas so bezeichnete »postnationale Konstellation« besagt, dass eine verschränkte Ausdehnung von Staat, Gesellschaft und Wirtschaft in einem nationalen Rahmen heute Geschichte ist und dass Staaten mittlerweile eher in Märkte eingebunden sind, als dass sie eigene Volkswirtschaften verwalten. Zu ergänzen sind die globalen Herausforderungen von Klimawandel, Bevölkerungswachstum, Ressourcenbegrenztheit und Terror. Sie führen nicht nur zu einem größeren Bedarf an Kooperationen zwischen Staaten, sondern zeigen auf, dass Staaten Teil eines systemischen Gesamtgefüges von Strukturen nichtstaatlicher Ordnungen und Netzwerken sind, die miteinander verbunden und voneinander abhängig sind. Dies hat entterritorialisierende Effekte, insofern Handlungen im Inneren stärker und direkter als früher Wirkungen auf das systemische Gesamtgefüge zeitigen.

Auch wenn dies insbesondere für das 21. Jahrhundert gilt, so waren auch schon früher Innen und Außen der Kulturpolitik wechselseitig aufeinander bezogen, denn Außenkulturpolitik ist immer auch Projektion von Selbstbildern in Beziehungen und Kooperationsangeboten für die anderen, ebenso wie Erwartungen und Kooperationsbedingungen von außen die Gestaltung des Kulturlebens im Inneren mitprägen. Im Falle Deutschlands kommt die spezifische Landesgeschichte hinzu. Nach dem Zweiten Weltkrieg ging es in Deutschland primär zunächst darum, wieder das Vertrauen von Partnern zu gewinnen und als Partner der Alliierten in der Welt anerkannt zu werden. Das war nur als Zivilmacht nach außen mit einer komplementär im Inneren gestalteten Demokratie möglich. Seit den 1960er-Jahren existiert die Leitidee der Außenkulturpolitik als Außengesellschaftspolitik, als Gestaltungsraum von Zivilgesellschaften. Als geistesgeschichtlicher Resonanzraum werden Kants Idee des Weltfriedens und Habermas' Konzept einer durch rationale Verständigung ermöglichten Weltinnenpolitik herangezogen.

In den vielen Jahren, in denen um ein Ministerium für Kultur auf Bundesebene gerungen wurde, ging es deswegen u.a. um die Frage, ob eine stärkere Einbindung der Außenkulturpolitik in die Innenkulturpolitik erstere durch eine breitere Beteiligung und ein differenzierteres Themenspektrum stärker demokratisieren, das heißt intentional den Abstand zu eindimensionalen Kommunikationsmaßnahmen vergrößern könne. Es ging aber auch um die Frage, in welchem Verhältnis eine einheimische Kulturpolitik zum internationalen Umfeld stünde. Viele Jahre wurde diese Diskussion von dem Appell begleitet, dass Kulturpolitik im Inland die eigene gesellschaftliche Vielfalt besser anerkennen müsse. Deutschland als Einwanderungsland habe so z.B. dafür Sorge zu tragen, dass an Musikhochschulen nicht nur Musikinstrumente des europäischen Sinfonieorchesters gelernt werden können, sondern auch solche aus Musiktraditionen anderer hier ansässiger Menschen. Bis heute spiegelt auch die Besetzung von Leitungspositionen diese Diversität noch nicht wirklich wider. Wichtige Debatten wurden um Fragen eines kulturellen Kanons sowie eine europäische Selbstverortung geführt. Ein zweiter zentraler Impuls jüngeren Datums aus dieser Diskussion war das sehr späte Anerkennen der eigenen Kolonialvergangenheit. Viele wichtige Debatten und noch ausstehende Aufgaben betreffen das Befragen der eigenen Kulturbestände auf ihre Herkünfte sowie der eigenen Praktiken und Diskurse auf hegemoniale und rassistische Strukturen hin. Die Öffnung des Kulturbegriffs für mehr Diversität und das Hinterfragen eigener Bestände arbeiteten dabei einem demokratischen Gesellschaftsverständnis zu, dessen Demokratiefähigkeit sich an der Beteiligung von Minderheiten und einem selbstreflexiven Vergangenheitsbezug bemisst. Dazu gehört auch die kulturwissenschaftliche Einsicht, dass kulturelle Produkte und Artefakte immer weitgestreute und diverse Einflüsse in sich aufnehmen und dass Kulturgrenzen allenfalls poröse Membrane sind.

In der globalen gleichzeitigen Ungleichzeitigkeit des 21. Jahrhunderts mit seinen in Bruchteilen von Sekunden zurückgelegten Kommunikationswegen und komplexen ökonomischen Verflechtungen kommt hinzu, dass was auch immer im Binnenverhältnis geschieht, gleichzeitig von außen betrachtet und kommentiert wird. So ist nicht nur das Außen relevant für die Konstruktion des Innen, sondern auch das Innen für das Außen: Was an unrechtmäßiger Aneignung nicht anerkannt wird, macht gute Beziehungen nach außen unmöglich, führt zu Abwertungen und verletzender Ignoranz. Was an Wirkung nach außen nicht mitbedacht wird, behindert Verständigung und Kooperation. Sigrid Weigel hat die Debatte jüngst mit dem Hinweis darauf wesentlich erweitert, dass kulturelles Handeln im Außen international in noch viel stärkerem

Maße als bisher auf Glaubwürdigkeit und damit sektorale Kohärenz im Innen befragt werden muss (Weigel 2019). Und dass für ein derart durch ökonomische Beziehungen verflochtenes Land wie Deutschland verantwortliche Beziehungen nur mit einem hohen Standard an interkultureller Expertise und Weltwissen gestaltet werden können – für dessen Erlernbarkeit Kulturpolitik die Infrastrukturen zur Verfügung stellen muss.

Das Außen der Weltinnenpolitik

Eine solche Weltinnenpolitik, die getragen wäre vom Respektieren der Menschenrechte und einem funktionierenden System des Multilateralismus, die regelgeleitet wäre und nicht dem Recht des Stärkeren verpflichtet, die auf das Weltgemeinwohl orientiert wäre und weltweite Mobilität sowie kulturelle Teilhabe[1] ermöglichen würde – was für ein Traum. Was für ein wichtiger Zukunftshorizont.

Aber: Hier ist Selbstreflexivität dringend nötig. Für die individuelle und innergesellschaftliche Ebene hat Andreas Reckwitz darauf hingewiesen, dass solche posttraditionellen pluralen Werthaltungen jenseits eines primär nationalen Bezugsrahmens mit sozialer Distinktionserwartung einhergehen und damit sekundäre Motivationsgründe beinhalten können (Reckwitz 2017). Arjun Appadurai zeigt als ein weiteres Beispiel, dass Diaspora Communities keineswegs per se diversitätsorientiert sind (Appadurai 1996). Für die internationale Ebene weist der Anthropologe und Politikwissenschaftler Yasushi Watanabe darauf hin, dass Kultur in den letzten Jahren zunehmend zusammen mit Sicherheitsfragen verhandelt werde und so auch die verschiedenen Kulturverständnisse eingeordnet werden müssten: Auf der einen Seite wird ein auf Reproduktion, Tradition, in gesteigerter Form auch auf ein essenziell an Territorium und eine soziale Gruppe konstituierter Kulturbegriff bedient, wo politische Formen der Beteiligung und Anerkennung als ungenügend empfunden werden. Auf der anderen Seite gibt es einen Kulturbegriff der Innovation, Kreativität, Hybridität, wo Autoritarismus und Exklusion befürchtet werden. Daraus lassen sich zwei Dinge ableiten: Die Befürwortung des einen oder anderen Kulturbegriffs ist auch eine Positionierung aus den jeweiligen politischen und sozialen Gegebenheiten und Zielsetzungen heraus. Zudem können beide Kulturverständnisse eine antagonistisch sich verstärkende Dynamik unterstützen, wenn es keine politische Aushandlung dieses Spannungsverhältnisses gibt (Watanabe 2018).

Das gilt auch für den internationalen Zusammenhang. Es gibt keine Evidenz dafür, dass das oben geschilderte Verständnis von Weltinnenpolitik massenweise freiwillige Nachahmer findet oder auch nur gemeinsam verstanden wird bzw. nicht konkurrierende Ideen zur Seite gestellt bekäme. Nach Hans Joas konkurrieren die Wertbildungen um die Grundwerte Nation/politisches Kollektiv, Religion oder Person ohnehin immer miteinander (Joas 2017, Kapitel 7). Auf der Weltbühne konkurrieren mehrere Politikmodelle außerhalb des Liberalismus oder der liberalen Marktwirtschaft. Deswegen ist die zentrale Frage, wie damit umzugehen ist, dass die Welt von politischer, kultureller und damit auch ideologischer Diversität geprägt ist: In Opposition gehen? In Wettbewerb des Rechthabens? In Wettbewerb des Effizienterseins? In pluralistische Fragmentierung?

Während der Entstehung dieses Textes brachte ein Treffen zwischen US-amerikanischen und chinesischen Spitzendiplomaten in Alaska auf den Punkt, worum es geht: Auf die Einlassung des US-Außenministers, China gefährde mit seiner Missachtung der Menschenrechte in Hongkong, Taiwan und Xinjiang den Frieden in der Welt, entgegnete der chinesische Diplomat: Die USA repräsentierten nicht die Weltöffentlichkeit.

Bei Menschenrechtsverletzungen müssen Grenzen gesetzt werden. Um der Verfolgten willen. Und damit der entsprechenden politischen Praxis keine Ausdehnung ermöglicht wird. Neben der Artikulation und klaren Positionierung von Opposition gegenüber konkreten Verletzungen der Menschenrechte gibt es seit einigen Jahren in der Kulturdiplomatie auch einen kritischen Dialogismus mit anderen politischen Systemen. Wir müssen uns eingestehen, dass damit Assimilationserwartungen bzw. -hoffnungen verbunden sind. Wie Ivan Krastev und Stephen Holmes nüchtern darlegten, ist das nach 1989 erhoffte »Zeitalter der Nachahmung« aber vorbei (Krastev/Homes 2021). Zu dieser Nüchternheit gehört auch ein Anerkennen, dass die eigene Haltung unter anderem durch eine spezifische Geschichte und geographische, politische und ökonomische Lokalisierung erleichtert sein kann. Das ist ein unbequemes Eingeständnis (Mouffe 2007), aber hilft der Einordnung: Wir agieren im Außen zum Schutze unserer Demokratie. Und wir sind der Überzeugung, dass Frieden am besten im Verbund mit multilateralen Institutionen gesichert wird. Andererseits – so gibt die Politikwissenschaftlerin Chantal Mouffe zu bedenken – ist ein Pluralismus auf der Weltbühne wichtig, denn nur im Umfeld differierender Positionen ist politisches Aushandeln überhaupt möglich. Politisches Handeln und Urteilen sind nur in einem Umfeld konkurrierender Ansprüche denkbar.

Eine weltoffene Weltinnenpolitik

In diesem Umfeld kann der vorpolitische Raum der Kulturbeziehungen Erfahrungen der Kooperation und Wahrnehmungsreflexion als gemeinsame Lernerfahrungen ermöglichen.

Wie müsste also ein Bundeskulturministerium beschaffen sein, das diese Spannungen nicht vergrößert, sondern in konstruktiver Reibung hält? Indem es genau dies tut: von sozialen Bezügen und offenem politischem Wettbewerb anstelle von spezifischen Kulturgütern und -praktiken aus denken. Dabei ist eine Unterscheidung des Kulturwissenschaftlers Raj Isar hilfreich. Er verweist darauf, dass sich im internationalen kulturpolitischen Diskurs drei Begriffe von Kultur mischen und selten auseinandergehalten werden. Es sind dies Kultur als artistische Praxis, Kultur als Unterscheidung, also als kulturelle Partikularität, und schließlich Kultur als Kultiviertsein, allerdings nicht im Sinne sozialer Distinktion, sondern im Sinne einer Befähigung, Kultur als Praxis der Kohäsion und Teilhabe zu nutzen, um an jeweils konkreten Orten einen *Oikos*, einen Ort des Zugehörens, zu bauen. In Bezug auf die auch von ihm gesehenen obigen Dilemmata, die bei Fragen des globalen Universellen und lokalen Verschiedenen entstehen, lautet seine Empfehlung, nicht eine einzelne Kultur zu fördern, sondern eine »Kultur der Kulturen«. Eine solche Kulturpolitik würde sich auf die Befähigung zum »Kultivieren« stützen (Isar 2012: 286-299). Auch wenn nachvollziehbar ist, worauf dies zielt, nämlich auf einen Kulturbegriff jenseits einer Vorstellung, sich von anderen abzuheben, ist doch die Abgrenzung zu einer schlichten Pflege kultureller Vielfalt nicht ganz klar. Kultur als Zivilisation würde es im französischen Kontext vermutlich heißen. Für die internationale Bühne bietet sich dieser Begriff jedoch nicht mehr an, seit manche größere Staaten unter dem Begriff des *civilizational state* autoritäre Nationalismen entwickeln. Versteht man aber, um mit einem Begriff Ernst Blochs zu sprechen, Kultur als Antwortversuch auf unerledigte Vergangenheit, ist eine Ästhetik und Praxis des Kontextbewussten und Unfertigen jenseits des Dilemmas von Universalem und Lokalem denkbar. Eine solche Kulturpolitik würde akzeptieren, im 21. Jahrhundert immer wieder neu von allen, die gerade hier leben – um mit Bruno Latour zu sprechen – geschaffen zu werden. Sie würde Möglichkeiten bereitstellen, sich aus solchen Erfahrungen heraus solidarisieren zu können. Eine solche Kulturpolitik würde akzeptieren, nicht ungestört zu sein und sich nur unter Bedingungen des fortlaufenden Besuchs und Befragens entfalten zu können. Eine solche Kulturpolitik würde die Befähigungen ins Zentrum stellen, derer es bedarf, um in Differenz Gemeinsames sehen zu können, ohne die Differenz zu nivellieren. Eine solche Kulturpolitik würde in ihren Gebäuden und Strukturen Flexibilität, Beteiligungsoffenheit, Nichtabschließbarkeit artikulieren.

Eine solche Kultur ist nicht beliebig. Sie fördert auch keine vereinheitlichte Weltfusion. Es ist eine Kultur, die aus der Begegnung und Arbeit von Menschen entsteht. Und nein, es werden nicht eines Tages alle auf diese Weise dasselbe gelernt haben und von sich aus wie von Zauberhand vorsichtig miteinander umgehen. Und nein, es werden wohl niemals alle das genau Gleiche unter einer guten Welt-Governance verstehen. Aber das, was mir etwas bedeutet, kann ich pflegen und einbringen in die Gestaltung einer Weltkultur als Weltgesellschaft.

Um auf die eingangs geschilderte Begegnung zurückzukommen: Ich kann es anbieten, ich kann es in immer wieder neuen Konstellationen befragen lassen, ich kann es bewahren und, ja, wenn es sein muss, schützen mit organisierten, verlässlichen staatlichen Strukturen. Nicht im Modus einer wahrheitsbesitzenden Überheblichkeit. Nicht im Modus einer abgrenzbaren sozialen Gruppe auf der Weltbühne. Nicht im Modus abschreckender Sicherung. Sondern im Modus einer ruhigen Souveränität, einer die eigenen Stärken kennenden Besonnenheit, die nicht vorschnell in interkulturelle Vorurteilsfallen tappt. Die eingangs geschilderte Situation ist nämlich einiges komplexer: Tatsächlich ist diese Figur, die Nürnberger Madonna, unsichtbar mechanisch gesichert. Sie wurde im 19. Jahrhundert mehrfach kopiert, erst jüngst im Jahr 2017 von dem Konzeptkünstler Ottmar Hörl in Hunderterauflage aus goldfarbenem Kunststoff, der Stückpreis beträgt aktuell bei ebay 350,00 Euro[2]. Tatsächlich gehört das Anfassen von Kunstwerken als lebender Bildkult zu manchen sakralen Glaubenspraktiken, und die zeitgenössische Museumspädagogik sieht im haptischen Nachvollziehen Lernpotenziale. Der distanzierte Umgang mit »ausgestellten« Kunstwerken ist erlernte soziale Praktik. Was an »Außen«-erfahrung also wirklich an andere kulturelle Verständnisse gebunden ist, ist immer wieder kritisch mit Abstand zu befragen. Mit dem Abstand eben, den es braucht, um gemeinsam Lernchancen zu ermöglichen, Werteerfahrungen, Entwurfspotenziale für bessere Zukünfte und Aushandlungsorte für ihre Realisierung: »Treten Sie bitte etwas zurück von Kultur als Artefakt und Fetisch der Identifikation. Treten Sie bitte etwas zurück von Kultur als Dekor oder Repräsentation. Treten Sie bitte etwas zurück vor Kultur allein als Kreativität. Treten

Sie bitte etwas zurück von einer technisch-ökonomischen Ignoranz des sozialen Kapitals von Kultur.« So ist Raum geschaffen für ein »Herzlich Willkommen in einer gemeinsamen Auseinandersetzung über das, was und wie wir wahrnehmen. Über das, was uns schmerzt. Über das, wofür wir Lösungen suchen. Über das, was uns gemeinsam Freude und Erkenntnis bereitet.« Diese Kultur ist eine Kultur der Ressource, wie der Sinologe und Philosoph Francois Jullien es nennt, der unabschließbaren Aktivierung hin auf ein Gemeinsames (Jullien 2017). Eine Kulturpolitik, die das ermöglichte, wäre eine Kulturpolitik als weltoffene Weltinnenpolitik. Sie besitzt eine große Attraktivität, für die Innen- und Außenakteure sowie Innen- und Außenpraktiken gleichermaßen verantwortlich sind. Wenn sich nicht – und hier kann man zum Beispiel Pankaj Mishra zuhören – die sozialen und ökonomischen Ungleichheiten und vor allem die Chancenungleichheiten als eine noch lautere unbewältigte Vergangenheit dazwischenschieben.

Anmerkungen

1   So das aktuelle Leitbild des Goethe-Instituts.

2   Für diese Hinweise danke ich Dr. Benno Baumbauer, Leiter der Malerei bis 1800 und Glasmalereisammlung im Germanischen Nationalmuseum, Telefonat am 14.4.2021.

Literatur

Appadurai, Arjun (1996), Modernity at Large: Cultural Dimensions of Globalization. Minneapolis.

Isar, Yudhishthir Raj (2012), Global Culture, in: Bhupinder S. Chimni und Siddarth Mallavarapu (Hg.): International Relations. Perspectives for the Global South, New Delhi.

Joas, Hans (2017), Die Macht des Heiligen. Eine alternative Geschichte von der Entzauberung, Frankfurt am Main.

Jullien, Francois (2017), Es gibt keine kulturelle Identität, Frankfurt am Main.

Reckwitz, Andreas (2017), Die Gesellschaft der Singularitäten – Zum Strukturwandel der Moderne, Frankfurt am Main.

Watanabe, Yasushi (2018) (Hg.), Handbook of Cultural Security, Cheltenham UK und Northampton USA.

Weigel, Sigrid (2019), Transnationale Auswärtige Kulturpolitik – Jenseits der Nationalkultur: Voraussetzungen und Perspektiven der Verschränkung von Innen und Außen, Stuttgart.

Krastev, Ivan/Holmes, Stephen (2021), Das Licht, das erlosch. Eine Abrechnung, Berlin.

Mouffe, Chantal (2007), Über das Politische. Wider die kosmopolitische Illusion, Frankfurt am Main.

Wo sind die Freigeister?

Von Olaf Zimmermann

In Wilhelm Raabes Roman »Stopfkuchen. Eine See- und Mordgeschichte« aus dem Jahr 1891 stehen zwei Figuren im Mittelpunkt: der Ich-Erzähler Eduard, der als Schiffsarzt zahlreiche Abenteuer erlebt hat und nun am »Oranje-Fluss« in Südafrika lebt, sowie Heinrich Schaumann, genannt Stopfkuchen, der schon als Kind gehänselt wurde und sein Studium abbrach, um als Verwalter in seinem Heimatort zu arbeiten. Schaumann brachte es zu bescheidenem Wohlstand und widmet sich seinem Hobby der Paläontologie. Auf der einen Seite also der weltläufige und weitgereiste Eduard und auf der anderen Seite Heinrich, dessen geografischer Radius denkbar klein ist. Im Laufe des nach wie vor lesenswerten Romans stellt sich heraus, dass nicht der weltläufige Eduard der wahre Freigeist ist, sondern der zuhause gebliebene Heinrich. Heinrich ist es, der einen Mord aufklärt und Gerüchten entgegentritt. Er ist der wirklich unangepasste und eigenständige Charakter.

Was hat dieser Roman mit Kulturinnen- und -außenpolitik zu tun? Meines Erachtens sehr viel, da es auch im Buch um Reisesehnsucht wie den vermeintlich »frischen Blick von außen« auf die Daheimgebliebenen geht und weil am Ende die Frage, wer denn nun tatsächlich einen freien Blick hat, ganz anders als erwartet beantwortet wird.

Kulturlandschaft in Deutschland

Zunächst einmal haben alle im Inland arbeitenden Organisationen und Institutionen einen Vorteil: Sie sind vor Ort, sie sind sichtbar, es wird über sie berichtet, sie können aufgesucht werden – wenn nicht gerade Corona ist –, sie sind im Diskurs mit dem Publikum vor Ort und laden es zur Mitwirkung oder Unterstützung ein. Der weitaus größte Teil von Kultureinrichtungen, Kulturvereinen, aber auch von Künstlerinnen und Künstlern richtet sich an das Publikum vor Ort. Sie sichern die Nahversorgung mit Kunst und Kultur. Hier gehen die Menschen hin, um Medien auszuleihen, um in Chören zu singen oder in Orchestern zu spielen, um Vorträge zu hören, um Theater zu spielen oder Stücke zu sehen und vieles andere mehr. Diese lokale oder regionale

Orientierung bedeutet keineswegs, altbacken oder hinterwäldlerisch zu sein. Im Gegenteil, sie setzt bei dem an, was die Menschen vor Ort bewegt. Erfolgreich ist nur, wer die Augen offen hält, wer die Diversität des Publikums im Blick hat und auf aktuelle Fragen Antworten gibt.

Die lokale und regionale Orientierung der Mehrzahl von Kultureinrichtungen spiegelt sich in der Kulturfinanzierung wider. Die Gemeinden tragen mit 44 Prozent den größten Teil, die Länder steuern 38 Prozent bei, und der Bund übernimmt 17 Prozent. Der Kuluretat des Bundes ist in den letzten Jahren erfreulicherweise stetig gewachsen, er macht aber dennoch nach wie vor den kleinsten Teil der öffentlichen Kulturfinanzierung aus.

Kulturinnenpolitik

Kulturinnenpolitik heißt zum einen Kulturfinanzierung. Hier sind die Gemeinden die wichtigsten Akteure. Zum anderen heißt Kulturinnenpolitik die Gestaltung der Rahmenbedingungen. Nicht umsonst ist die kulturpolitische Bedeutung der Bundeskulturpolitik in der Corona-Pandemie so deutlich geworden. Es geht darum, wie Künstlerinnen und Künstler sozial abgesichert sind, welche Veränderungsbedarfe es gibt und darum, ob der Abgabesatz zur Künstlersozialkasse für die Auftraggeber im Rahmen bleibt. Es wird darum gerungen, das Urheberrecht so zu gestalten, dass das Urheberpersönlichkeitsrecht gewahrt bleibt und Künstler sowie Unternehmen einen wirtschaftlichen Ertrag aus der Verwertung künstlerischer Leistungen ziehen können. Es geht um wirtschaftspolitische, steuerpolitische und weitere Fragen.

Kulturinnenpolitik ist neben der Förderung von Projekten oder Institutionen von bundesweiter Relevanz vor allem Gesetzgebungspolitik, sei es federführend bei der Beauftragten für Kultur und Medien wie z.B. beim Kulturgutschutzgesetz, oder mitberatend bei allen anderen gesetzgeberischen Maßnahmen, die den Kultur- und Medienbereich betreffen.

Die Länder konzentrieren sich in ihrer Kulturpolitik vor allem auf die Kulturförderung. Bei Gesetzen handelt es sich zumeist um Spezialgesetze, die einzelne Einrichtungen wie z.B. Musikschulen oder Bibliotheken betreffen.

Akteure der Auswärtigen Kulturpolitik

Die Akteure der Auswärtigen Kulturpolitik haben einen großen Vorteil: Sie stehen für das Weitläufige, für den Kontakt mit der Welt, die Sehnsucht nach Ferne und den Austausch mit Menschen weltweit. Dabei sind sie auch noch abgesichert, mit dem Rückfahrtticket in die Heimat in der Tasche. Gegenüber den Kultureinrichtungen, Vereinen, Künstlern, Projekten usw. im Inland haben sie aber auch einen Nachteil: Sie sind in ihrem Heimatland zumeist wenig sichtbar. Für den Kulturnutzer im Inland war es vollkommen irrelevant, dass die Deutsche Welle ihr Hörfunkprogramm in unterschiedlichen Landessprachen ausgedünnt hat und die Kurzwelle abgeschaltet wurde. Ob das Fernsehprogramm der Deutschen Welle in Australien auf Englisch oder auf Deutsch zu sehen ist, interessiert hierzulande nur wenige Eingeweihte. Die Sprachkurse des Goethe-Instituts in Nowosibirks, die Bibliotheksarbeit in Rio de Janeiro oder die Ausstellung in Nairobi – was hat dies mit dem »normalen« Kulturnutzer in Deutschland zu tun? In der Regel nichts.

Andere wertvolle Vorhaben wie z.B. der Deutsch-Russische Museumsaustausch der Kulturstiftung der Länder richten sich vor allem an ein Fachpublikum. Der internationale Jugendaustausch etwa im Rahmen des Deutsch-Französischen oder des Deutsch-Polnischen Jugendwerks ist eher ein jugendpolitisches Instrument und weniger Teil der Auswärtigen Kultur- und Bildungspolitik – auch wenn das Auswärtige Amt mit »kulturweit« einen Freiwilligendienst für junge Menschen unterstützt und das Bundesministerium für wirtschaftliche Zusammenarbeit mit »weltwärts« ähnliches verfolgt.

Die Verbindung von Kulturinnen- und -außenpolitik ist daher oft im Interesse von Akteuren der Auswärtigen Kultur- und Bildungspolitik, denn damit könnten sie im Inland wirken und würden sichtbarer.

Die Kulturinnen- und die -außenpolitik verbindet die Vielfalt der Akteure. Zivilgesellschaftliche Organisationen spielen dabei eine wichtige Rolle. Sie sind nicht nur Anbieter von Kultur bzw. Kulturaustausch im In- und Ausland, sondern bündeln auch die Anliegen ihrer Mitglieder und vertreten diese gegenüber Politik und Verwaltung.

Zahlreiche deutsche Kulturfachverbände, aber auch Gewerkschaften, Arbeitgeberorganisationen oder Wirtschaftsverbände sind Mitglieder in europäischen oder internationalen Zusammenschlüssen. Sie tragen auf diese Weise zum kulturellen Austausch bei, geben Erfahrungen aus Deutschland ins Ausland weiter und bringen *Best Practice*-Beispiele aus anderen Ländern mit. So wurde die Debatte zur Umsetzung der UN-Agenda 2030 in Deutschland insbesondere vom Deutschen Bibliotheksverband vorangetrieben, der über seinen internationalen Verband IFLA unmittelbar an der Erarbeitung der Agenda beteiligt war.

Zivilgesellschaftliche Akteure vor Ort sind es auch, die europa- und weltweit den Austausch mit Vereinen und Organisationen pflegen. Diese lokal verankerten Initiativen, sei es ein Kirchenchor oder eine Stadtteilinitiative, schaffen Verbindungen, die sich als sehr stabil erweisen. Sie stehen aber eher selten im Fokus, wenn über die stärkere Verbindung von Kulturinnen- und -außenpolitik gesprochen wird.

Wenn das Kulturaußen auch im Innern aktiv werden will, muss es bereit sein, die im Inland vorhandenen und gewachsenen Strukturen wahrzunehmen und anzuerkennen. Es gibt im Inland kein Vakuum, das von den Akteuren der Auswärtigen Kultur- und Bildungspolitik gefüllt werden muss. Im Sinne eines positiven Miteinanders sind gleichzeitig die Kulturstrukturen im Inland gefordert, festgefügten Förderstrukturen auch für neue Player zu öffnen.

Was ist also das Spannungsfeld von Kulturinnenpolitik und Kulturaußenpolitik? Ich denke, es ist ganz banal der unauflösbare Widerspruch zwischen der Sehnsucht nach der Ferne und dem Wunsch nach Inspirationen durch andere, also der Kulturaußenpolitik, sowie der erforderlichen Verankerung von Kultur vor Ort, also der Kulturinnenpolitik, denn Kunst braucht Resonanzräume und Wiedererkennungseffekte. Im Wort Spannungsfeld steckt »Spannung«, die elektrisieren und Energie freisetzen kann. Insofern kann das Spannungsfeld beflügeln, wenn beide gleichermaßen erhobenen Hauptes und mit dem Selbstbewusstsein der eigenen Fähigkeiten in die Debatte einsteigen.

Dabei ist das eine nicht wichtiger als das andere. Wie in Wilhelm Raabes Roman »Stopfkuchen« weiß man immer erst am Schluss, wer der wirkliche Freigeist ist.

(Innen-) Kulturpolitik in Deutschland.
Geschichte und Perspektiven auf Bundesebene

Von Günter Winands

»Die Bedeutung eines Wortes ist sein Gebrauch in der Sprache«, heißt es in den *Philosophischen Untersuchungen* Ludwig Wittgensteins (Wittgenstein 2001: § 43). Was bedeutet das für die Wortschöpfung »Innenkulturpolitik«? In den allgemeinen Sprachgebrauch hat sie bisher keinen Eingang gefunden. Google listet zu diesem Suchbegriff gerade einmal 263 Ergebnisse (Suche am 23.9.2020), überschrieben von der Frage: »Meintest Du *Außenkulturpolitik*?«. Außer von Expertenzirkeln und Kulturfunktionärskreisen wird offenbar nicht zwischen Innenkulturpolitik und Außenkulturpolitik unterschieden – so wenig wie zwischen Innenumweltpolitik und Außenumweltpolitik oder Innenmedienpolitik und Außenmedienpolitik. Kein Wunder, denn die Trennung zwischen Innen und Außen in der Kulturpolitik scheint heute anachronistisch – und außerdem kulturpolitisch wenig sinnvoll. Sie ist weniger der Sache selbst, als vielmehr der Geschichte der Kulturpolitik der Bundesrepublik Deutschland geschuldet: dem Umstand, dass es bis zur Wiedervereinigung im Westen Deutschlands aufgrund der primären Kulturverantwortung von Ländern und Kommunen lange keine originäre Kulturpolitik des Bundes gab, und auswärtige Kulturangelegenheiten deshalb mangels einer kulturpolitischen Instanz auf Bundesebene vom Auswärtigen Amt vertreten wurden.

Über Jahrzehnte beschränkte sich Kulturpolitik in der Bundesrepublik auf Kulturförderpolitik. In den Jahren nach dem Zweiten Weltkrieg waren es zunächst die alliierten Besatzungsmächte, die in den vielfach noch von Bombenangriffen gezeichneten Städten für ein – wenn auch überschaubares – kulturelles Angebot sorgten. Im Sinne einer politischen Umerziehung der Deutschen nutzen sie neben Presse und Rundfunk auch Theater, Museen, Kinos und Konzertsäle und sorgten deshalb für deren schnelle Wiedereröffnung. Material zum Heizen mussten Kulturliebhaber damals zwar selbst mitbringen; doch für den Eintritt standen sie Schlange, versprachen Musik, Film, Kunst und Schauspiel doch Ablenkung vom harten Alltag der Nachkriegszeit (siehe dazu Lebendiges Museum Online).

Mit der doppelten Staatsgründung 1949 begannen auch in der Kulturförderung zwei unterschiedliche Wege: Während Kunst und Kultur in der ehemaligen DDR an der Entwicklung eines neuen, sozialistischen Menschen mitwirken sollten, distanzierte man sich in der westdeutschen Nachkriegspolitik explizit von einer politischen Vereinnahmung. Nie wieder sollten sich – wie im totalitären Nationalsozialismus – Kunst und Kultur in den Dienst einer Weltanschauung oder einer Ideologie stellen lassen müssen. Nach den Gräueln der NS-Terrorherrschaft, nach der bitteren Erfahrung, »erlöst und vernichtet in einem« zu sein (Heuss 1965: 86), brachte das Grundgesetz den – auch in der Gesellschaft vorherrschenden – antitotalitären Konsens wie auch die zivilisatorische Wende in klaren und einprägsamen Kernformeln auf den Punkt. So heißt es in Artikel 5 GG: »Kunst und Wissenschaft (...) sind frei.«

Der Bund hatte ursprünglich – wiederanknüpfend an die Weimar Reichsverfassung und als deutliche Reaktion auf den NS-Kulturzentralismus – kaum kulturelle Zuständigkeiten. Es war vor allem die kommunale Kulturarbeit, zu der sich die Städte »trotz oder gerade wegen der materiellen Not« der damaligen Zeit verpflichtet hatten (Deutscher Städtetag 1952 – Stuttgarter Richtlinien), die die kulturelle Grundversorgung in der jungen Bundesrepublik sicherstellte. Die Kommunen und auch die Länder als zweitwichtigster Akteur betreiben in erster Linie »Kulturpflege«, aber keine dezidiert gestaltende Kulturpolitik, die auf eine breitere und wirkmächtigere Entfaltung eines freiheitlichen Kulturlebens unter den veränderten gesellschaftlichen Verhältnissen Nachkriegsdeutschlands abgezielt hätte. Die Beseitigung der Kriegsschäden an Theatern, Museen und Bibliotheken sowie insgesamt die Wiederherstellung und der Erhalt der großteils schon im wilhelminischen Kaiserreich entstandenen kulturellen Infrastruktur hatten zunächst absolute Priorität. Öffentliche Gelder kamen überwiegend etablierten Einrichtungen und vertrauten Projekten der bürgerlichen Hochkultur zugute. Dieses im Zuge der 1968er-Revolte als antiquiert und affirmativ, eng und elitär kritisierte Kulturverständnis öffnete sich in den 1970er-Jahren für mehr kulturelle Teilhabe. »Bürgerrecht Kultur«, »kulturelle Demokratie«, »Kultur für alle«: So lauteten einige der programmatischen Leitformeln der sogenannten »Neuen Kulturpolitik«, die die soziale Dimension der Kultur betonte, neue Formen der Kulturvermittlung anmahnte und zivilgesellschaftlicher Mitgestaltung insbesondere vor Ort in den Kommunen den Boden bereitete (Hoffmann 1979). Der Bund trat als Akteur der Kulturförderung nur dort in Erscheinung, wo es um Institutionen und Belange von gesamtstaatlicher Bedeutung ging. Verantwortlich dafür zeichnete sich insbesondere das Bundesinnenministerium (zuletzt ab 1974 in einer Abteilung VtK – Angelegenheiten der Vertriebenen, Flüchtlinge und Kriegsgeschädigten; kulturelle Angelegenheiten), aber auch andere Bundesministerien, beispielsweise im Zusammenhang mit kultureller Bildung (Bildungsministerium, Familienministerium), mit Kulturwirtschaft (Wirtschaftsministerium) oder mit Auswärtiger Kulturpolitik (Auswärtiges Amt).

Nach der Wiedervereinigung unterstützte der Bund alsbald die ostdeutschen Länder und Kommunen mit Sondermitteln dabei, ihre Kulturlandschaft zu erhalten und zu modernisieren. Dahinter stand die im Einigungsvertrag (Art. 35) artikulierte Überzeugung, dass Kunst und Kultur in den Jahren der deutschen Teilung »trotz unterschiedlicher Entwicklung der beiden deutschen Staaten (...) eine Grundlage der fortbestehenden Einheit der deutschen Nation« waren. In den vergangenen 30 Jahren förderte der Bund mit mehreren Milliarden Euro den Erhalt und die Revitalisierung der Kulturlandschaft im Osten Deutschlands. Dieses Engagement trug wesentlich zu einer Aufwertung der Kulturpolitik auf Bundesebene bei. Die Kulturförderung in Ostdeutschland wurde – neben einem stärkeren kulturellen Repräsentationsbedürfnis in der neuen Hauptstadt Berlin – zur Initialzündung für eine deutlich aktivere Kulturpolitik des Bundes. Diese führte schließlich 1998 zur Gründung des Amtes eines »Beauftragten der Bundesregierung für Angelegenheiten der Kultur und der Medien« (später: »Beauftragter der Bundesregierung für Kultur und Medien«) und eines entsprechenden Ausschusses im Deutschen Bundestag.

Die Einrichtung einer selbstständigen obersten Bundesbehörde für Kultur und Medien war allerdings selbst im Herbst 1998 und auch in deren Anfangsjahren alles andere als selbstverständlich. Um von vornherein Sensibilitäten Rechnung zu tragen, der Bund könnte in dem von den Ländern als ihre primäre Zuständigkeit beanspruchten Kulturbereich eigenmächtig Kompetenzen an sich ziehen und damit die »Kulturhoheit der Länder« und den Kulturföderalismus infrage stellen, wurde bewusst auf die Verortung in einem Bundesministerium verzichtet. Dabei wäre dies verfassungsrechtlich durchaus möglich gewesen, weil es die Rechtsstellung der Länder nicht tangiert hätte. Denn die Beauftragte für Kultur und Medien (BKM) nimmt originäre ressortmäßige Zuständigkeiten wahr, die dem Bund obliegen und die innerhalb der Bundesregierung keinem anderen Bundesministerium zugewiesen sind (dazu und zu folgendem: Winands 2018: 173 ff.).

Obwohl formal kein Bundeskulturminister, sondern »nur« ein Beauftragter der Bundesregierung für Kultur und Medien, konnte der neue Kulturakteur auf Bundesebene mit einem die Kulturszene imponierenden und allgemein als Wertschätzung verstandenen Alleinstellungsmerkmal aufwarten: der institutionellen Verankerung in der Regierungszentrale, im Bundeskanzleramt. Dies war so bis dahin – im Gegensatz zum Medienbereich – in keinem Bundesland anzutreffen. Die überdies vorgenommene direkte Zuordnung als Staatsminister beim Bundeskanzler verleiht dem Amt bis heute besonderen Glanz. Dass Künstlerinnen und Künstler sowie andere Kulturakteure dadurch im Kanzleramt ein und aus gehen und die Kulturstaatsministerin obendrein mit am Kabinettstisch sitzt, ist ein nicht zu unterschätzender Faktor für die kontinuierlich angestiegene Wirkmächtigkeit der »BKM« und damit der Bundeskulturpolitik. Zwar hat sie kein Stimmrecht im Kabinett, sie berät dort aber mit und ist auch legitimiert, eigene Vorlagen einzubringen sowie bei Vorlagen anderer Ressorts gemäß der Gemeinsamen Geschäftsordnung der Bundesministerien im Ressortabstimmungsprozess einbezogen zu werden. Hinzu kommt, dass alle fünf bisherigen Amtsinhaber jeweils neue Aufgabenschwerpunkte wählten, ohne die Arbeit und Erfolge der jeweiligen Vorgänger gering zu schätzen, sondern auch bei unterschiedlicher politischer Herkunft gewinnbringend darauf aufbauten. Sie haben das Amt auf allen Feldern der Kultur- und Medienpolitik enorm profiliert – geeint in ihrem Anspruch, der Stimme des Bundes sowohl in der nationalen wie internationalen, insbesondere auch der europäischen Kulturpolitik selbstbewusst Gehör zu verschaffen.

Mit dem neuen Amt wandelte sich das Engagement des Bundes deutlich von einer öffentlich kaum auffallenden, auf mittlerer ministerieller Ebene im Bundesinnenministerium verwalteten Förderung einzelner national bedeutsamer Kultureinrichtungen und -projekte, wirklich als Bund sichtbar geworden nur durch mehrere »Kanzlerprojekte« in der Ära Helmut Kohl (Haus der Geschichte der Bundesrepublik Deutschland, Deutsches Historisches Museum, Neue Woche, Kunst- und Ausstellungshalle der Bundesrepublik Deutschland), hin zu einer Aufgabenwahrnehmung, die seitdem auf Ministerebene aktiv und gezielt Kultur- und Medienpolitik betreibt und sich offen dazu bekennt, innerhalb der Bundesregierung, im Parlament und nicht zuletzt im öffentlichen Diskurs Interessenvertretung der berechtigten Belange von Kultur und Medien zu sein.

Die Kultur politisch voranzubringen, erfordert mehr als die finanzielle Förderung von Kultureinrichtungen und -projekten, auch wenn dies selbstverständlich ein Schwerpunkt der BKM geblieben ist. Kulturpolitik setzt sich allumfassend für die Belange der Kultur, der Kulturschaffenden, der Kulturverwerter wie der Kulturrezipienten ein. Dies beginnt mit dem Einsatz für ein gesellschaftliches Klima, in dem Kultur die gebotene Wertschätzung genießt. Es reicht über eine Gesetzgebung, die kulturverträglich ist, also auf die Besonderheiten kulturellen Schaffens Rücksicht nimmt, sowie gleichzeitig dessen Entfaltung – eingedenk der grundgesetzlichen Verbürgung der Kunstfreiheit – fördert und sichert, sei es im Steuer-, Urheber- oder Kulturgutschutzrecht. Es umschließt auch die Präsenz auf nationaler und europäischer Ebene, um optimale Rahmenbedingungen für die Kultur mitzugestalten. Diesen Auftrag formulierte Bundeskanzler Gerhard Schröder nachdrücklich in seiner ersten Regierungserklärung im November 1998. Der neue Kulturstaatsminister werde »Impulsgeber und Ansprechpartner für die Kulturpolitik des Bundes sein und sich auf internationaler, aber vor allem auf europäischer Ebene als Interessenvertreter der deutschen Kultur verstehen. Auch dadurch wird die Bundesregierung Kulturpolitik wieder zu einer großen Aufgabe europäischer Innenpolitik machen« (Deutscher Bundestag 1998, Plenarprotokoll 14/3, S. 62).

Das Verhältnis zu den Ländern war zu Beginn durchaus angespannt. Regierungsvertreter vor allem unionsgeführter Bundesländer im Süden taten sich schwer mit dem klar artikulierten Anspruch des Bundes auf eine wahrnehmbare, stärker inhaltliche Mitgestaltung und öffentliche Präsenz im Kulturbereich. Dabei wurde eine Mitfinanzierung wie seinerzeit durch Beiträge an die Kulturstiftung der Länder oder im Rahmen gemeinsam getragener Kultureinrichtung durchaus geschätzt, aber immer nur unter dem Primat der »Kulturhoheit der Länder«. Diese avancierte zeitweilig zu einem Kampfbegriff. Der erste Kulturstaatsminister Michael Naumann sprach von »Verfassungsfolklore«. Andererseits hielt der damalige bayerische Kultusminister Hans Zehetmair einen Bundeskulturminister für so überflüssig wie einen österreichischen Marineminister und giftete gegen eine angeblich zentralistische, auf Berlin fixierte Kulturpolitik vergoldeter »Pickelhauben«.

In den ersten Jahren hatte das neue Amt immer wieder Diskussionen über die Kulturkompetenzen des Bundes zu führen. Jedoch rückten die Länder zunehmend von ihrer ursprünglichen Forderung nach einer strikten Trennung der Förderkompetenzen ab. So wurde zwar 2006 als Ergebnis der Föderalismuskommission I im Grundgesetz ein weitgehendes Kooperationsverbot für den Bildungs-, nicht aber für den Kulturbereich festgeschrieben. Die Länder erkannten zunehmend – auch vor dem Hintergrund, dass sie ausfallende Bundesförderungen kaum hätten kompensieren können – mehr oder weniger stillschweigend an, dass der Bund nicht nur kulturpolitisch in der Hauptstadt für nationale Gedenkstätten und für auswärtige kulturelle Angelegenheiten Verantwortung trägt, sondern zum Beispiel auch für national bedeutsame Kultureinrichtungen, für die Spitzenförderung von Künstlerinnen und Künstlern oder bundesweit tätige Kulturorganisationen und -verbände. Nicht zu unterschätzen für den »Klimawandel« war die Übernahme des Amtes nach dem Regierungswechsel 2005 durch einen Unionspolitiker. Kulturstaatsminister Bernd Neumann »versöhnte« in den acht Jahren seiner Amtsführung auch die unionsgeführten Länder mit der BKM, und Staatsministerin Monika Grütters setzt dies seit 2013 nahtlos fort. Seit 2014 trifft sie sich zweimal im Jahr mit den Kulturministerinnen und Kulturministern der Länder, die sich ihrerseits seit 2019 in einer Kulturministerkonferenz (unter dem Dach der KMK) organisiert haben, zu »Kulturpolitischen Spitzengesprächen«. Daran nehmen zudem die Verbandsführungen der drei kommunalen Spitzenverbände – Deutscher Städtetag, Deutscher Städte- und Gemeindebund und Deutscher Landkreistag – sowie die Leitungen der »Kulturstiftung des Bundes« und der »Kulturstiftung der Länder« teil.

Den schrittweisen Bedeutungszuwachs und das immer breitere Aufgabenspektrum der Kultur- und Medienpolitik auf Bundesebene dokumentieren anschaulich die Koalitionsvereinbarungen seit 1998. Beschränkten sich die Koalitionsverträge von 1998 und 2002 noch auf knapp zwei Seiten sowie 2005 und 2009 auf rund drei Seiten für das jeweilige Kapitel, stieg der Umfang in den letzten beiden Vereinbarungen 2013 und 2018 auf jeweils zehn Seiten, und damit wuchs auch der politische Auftrag an BKM sowie die Kulturpolitikerinnen und Kulturpolitiker der Regierungsparteien. Der Bedeutungszuwachs der BKM zeigt sich darin, dass sich das Haushaltsvolumen von ursprünglich knapp 900 Millionen Euro jährlich auf im Jahr 2021 rund zwei Milliarden Euro sowie das BKM-Personal auf rund 400 Beschäftigte mehr als verdoppelt haben. Ihr kulturpolitisches Gewicht unterstreicht auch ein beachtlicher Geschäftsbereich mit jetzt insgesamt weit über 7.000 Mitarbeitern (u.a. Bundesarchiv, Deutsche Welle, Stiftung Preußischer Kulturbesitz) und einer sehr hohen Anzahl institutionell und projektgeförderter Einrichtungen.

Die BKM versteht sich allerdings nicht nur als Fördereinrichtung. Die Bedeutung der rechtlichen Rahmenbedingungen für die Entfaltung von Kunst und Kultur, das »Kulturordnungsrecht«, wurde lange Zeit unterschätzt. Dabei sind für die Kultur günstige bzw. stimmige Regelungen eine indirekte Art staatlicher Kulturförderung, die im Gesamtzusammenhang und langfristig gesehen für die Kulturschaffenden sogar wichtiger ist als die direkte finanzielle Förderung aus Haushaltsmitteln (Winands 2001: 98). Seit der Etablierung der BKM ist deshalb die »Kulturverträglichkeitsprüfung« von Gesetzen und Rechtsvorschriften einer der Schwerpunkte der Kulturpolitik des Bundes. Dabei ist in den letzten Jahren zunehmend die europäische Dimension hinzugekommen. Auf die Berücksichtigung kultureller Belange muss sowohl im Rahmen der Abstimmung innerhalb der Europäischen Kommission, aber auch im Europäischen Rat und Parlament geachtet und gedrungen werden. Insgesamt ist festzustellen, dass sich der Kunstbetrieb allgemein und damit auch die BKM mit einer Vielzahl unterschiedlicher Rechtsfragen und Rechtsmaterien auseinanderzusetzen haben. Deren Zahl nimmt angesichts der Verrechtlichung unserer Gesellschaft, die auch vor der Kunst als Inbegriff schöpferischer Freiheit nicht Halt macht, ständig zu.

Die BKM hat als Amt Kontur gewonnen und eine Aufwertung der Kulturpolitik in Deutschland in bundesweiter Perspektive bewirken können. Sie hat maßgeblich dazu beigetragen, dem lange als Liebhaberei für Schöngeister geltenden Politikfeld Kultur bundesweit mehr Aufmerksamkeit und Ansehen zu verschaffen. Es ist nicht zuletzt der politischen Aufwertung der Kultur durch eine originär zuständige oberste Bundesbehörde mit Anbindung der verantwortlichen Staatsministerin ans Bundeskanzleramt zu verdanken, dass die Kultur in den vergangenen Jahren auch im öffentlichen Diskurs markant mehr Aufmerksamkeit und Relevanz erfahren hat und längst nicht mehr nur das Feuilleton sowie seinen Leserkreis beschäftigt. »Die Geschichte der Kultur nach dem Zweiten Weltkrieg ist in Deutschland die Geschichte einer fortlaufenden Expansion über alle ökonomischen Krisen hinweg«, kommentierte Thomas Steinfeld unlängst in der *Süddeutschen Zeitung*. »Diese Entwicklung verläuft nicht linear, sondern seit den späten Achtzigern in einer steilen Kurve nach oben. Das gilt für neu geschaffene oder erweiterte Institutionen ebenso wie für die Zahl der in der Kultur Beschäftigten. Es gilt für die staatlich geförderte Kultur, aber auch außerhalb, in der sogenannten freien Szene (...). In Deutschland vollzog sich in den vergangenen Jahrzehnten eine ‚Kulturalisierung', die große Teile der Gesellschaft nicht nur erreicht, sondern auch gestaltet (...)« (Steinfeld 2020).

Die Corona-Katastrophe hat diese Entwicklung deutlicher als je zuvor sichtbar gemacht. Bund und Länder haben in Deutschland auf die pandemiebedingte, existenzielle Bedrohung der kulturellen Infrastruktur mit historisch beispiellosen Hilfsprogrammen reagiert. So zeigte sich in der Krise, welch hohen Stellenwert die Kultur in der politischen wie auch in der öffentlichen Wahrnehmung mittlerweile hat. Staatliche Hilfeleistungen in Milliardenhöhe – allein zwei Milliarden Euro durch das Bundesprogramm NEUSTART KULTUR sowie weitere zweieinhalb Milliarden Euro durch den Sonderfonds des Bundes für Kulturveranstaltungen, beides in der Ressortverantwortung der BKM, – sind nicht zuletzt auch das Ergebnis jenes Bedeutungszuwachses, den die Kulturpolitik in Deutschland erfahren hat. Darüber hinaus ist in den Debatten über Corona-Nothilfeprogramme für die Kulturbranche deutlich geworden, wie hoch die Erwartungen an den Bund und hier speziell die BKM sind – nämlich ganz so, als gäbe es für die Bundeskulturpolitik längst ein eigenes Ressort.

Früher oder später wird deshalb zu diskutieren sein, ob auch organisatorisch nachvollzogen wird, was gefühlt längst Wirklichkeit ist und was kulturpolitisch von vielen, nicht zuletzt dem Deutschen Kulturrat, als sinnvoll erachtet und nunmehr auch von der amtierenden Kulturstaatsministerin Monika Grütters befürwortet wird: die Weiterentwicklung der BKM zu einem Bundeskulturministerium (vgl. Grütters 2021). Darin wären alle kulturpolitischen Aufgaben der Bundesregierung zusammenzuführen, also auch solche einzugliedern, die immer noch – teilweise versprengt – in anderen Ressorts zu finden sind. Damit wäre zugleich die der historischen Entwicklung geschuldete künstliche Trennung zwischen »Innenkulturpolitik« und Auswärtiger Kulturpolitik obsolet. Die seinerzeitige Intention Bundeskanzler Gerhard Schröders, auf Bundesebene eine Institution zu schaffen, die sich auf internationaler, aber vor allem auf europäischer Ebene als die berufene und legitimierte Interessenvertretung der deutschen Kultur verstehen soll, würde vollends umgesetzt.

Dieses Bundeskulturministerium würde – wie jedes andere Bundesministerium – fachlich die Interessen Deutschlands sowohl in der Europäischen Union, dem Europarat und in multilateralen Gremien wie z.B. in der UNESCO oder G-20, sowie auch in den bilateralen Beziehungen zu anderen Staaten als federführendes Bundesressort vertreten. Zur Unterstützung bei dieser erweiterten Aufgabenstellung sollte – wie ebenfalls bei anderen Bundesressorts praktiziert – ein Netzwerk aus vom Kulturministerium zeitlich befristet versetzten oder aus dem Kulturbereich gewonnenen Referentinnen und Referenten an deutschen Botschaften in wichtigen Partnerländern aufgebaut werden; derzeit ist die BKM nur mit einer Europareferentin in Brüssel vertreten. Auch wäre zu prüfen, welche deutschen Mittlerorganisationen der Auswärtigen Kulturpolitik künftig nicht mehr in der Förderzuständigkeit des AA, sondern des neuen Bundeskulturministeriums verankert werden müssten. Eine Kulturpolitik auf Bundesebene aus einer Hand würde insgesamt einer verbesserten Koordination und nachhaltigen Interessenvertretung dieses einzigartigen Bereichs nach innen wie außen dienen.

Kulturpolitik für eine weltoffene, pluralistische Gesellschaft fördert innerhalb Deutschlands wie auch nach außen eine Kultur der Verständigung: Lernerfahrungen, die ein friedliches Miteinander unterschiedlicher Lebensweisen, Religionen, Traditionen, Interessen und Weltanschauungen ermöglichen und zur Auseinandersetzung mit dem Eigenen wie auch mit dem Anderen sowie dem (noch) Fremden anregen. In diesem Sinne könnte auch in der Kulturpolitik zusammenwachsen, was zusammengehört.

Literatur

Deutscher Bundestag (1998). Plenarprotokoll 14/3 v. 10.11.

Deutscher Städtetag – Stuttgarter Richtlinien: Leitsätze zur kommunalen Kulturarbeit (1952), Erarbeitet vom Kulturausschuss des Deutschen Städtetags, in: Der Städtetag 5.

Grütters, Monika (2020), Interview, Endlich ein eigenes Haus, Süddeutsche Zeitung v. 8.3.2020; online: https://www.sueddeutsche.de/kultur/monika-gruetters-kulturstaatsministerin-interview-bilanz-raubkunst-1.5227482 (Abruf am 8.3.2021).

Heuss, Theodor (1965), Rede vor dem Parlamentarischen Rat (8.5.1949), in: Theodor Heuss, Die großen Reden. Der Staatsmann, Tübingen.

Hoffmann, Hilmar (1979), Kultur für alle. Perspektiven und Modelle, Frankfurt am Main.

Lebendiges Museum Online, https://www.hdg.de/lemo/kapitel/nachkriegsjahre/neuanfaenge/kultur.html (Abruf am 27.8.2020).

Steinfeld, Thomas (2020), »Die Seuche, die Kunst und das Geld«, in: Süddeutsche Zeitung v. 3.6.2020; online: https://www.sueddeutsche.de/kultur/kultur-corona-hilfe-staat-1.4923875 (Abruf am 23.9.2020).

Winands, Günter (2001), Wie viel Staat braucht unsere Kultur?, in: KUR - Kunstrecht und Urheberrecht, 3.

Winands, Günter (2018), Von den Anfängen der BKM bis heute – Schlaglichter einer kulturpolitischen Erfolgsgeschichte, in: Olaf Zimmermann (Hg.), Wachgeküsst. 20 Jahre neue Kulturpolitik des Bundes 1998 – 2018, Berlin.

Wittgenstein, Ludwig (2001), Philosophische Untersuchungen. Kritisch-genetische Edition, hrsg. von Joachim Schulte, Frankfurt am Main.

Die Geschichte der Auswärtigen Kulturpolitik in Deutschland

Von Annika Hampel

Das Politikfeld der Auswärtigen Kulturpolitik kann in Deutschland auf knapp 150 Jahre Geschichte zurückblicken. Die Anfänge von Auswärtiger Kultur- und Bildungspolitik (AKBP) in Deutschland werden meist auf die Mitte des 19. Jahrhunderts datiert. Im Jahr 2020 ist die Kulturabteilung des Auswärtigen Amtes 100 Jahre alt geworden. Gefeiert werden sollte dieses Ereignis unter anderem mit einer neuen Strategie für die AKBP – gegliedert in acht Bereiche – unter Leitung von Heiko Maas.[1] Diese AKBP 2020-Strategie hat ihre Wurzeln in Frank-Walter Steinmeiers »Review 2014 – Außenpolitik Weiter Denken«-Prozess.[2] Doch der Ausbruch der Covid-19-Pandemie stoppte die Entwicklung. Die Pandemie gab zwar neue Impulse, bspw. hinsichtlich digitaler Formate von AKBP, aber die Bearbeitung von Themen wie zum Beispiel Science Diplomacy, die in Thesen münden sollen, ist bis jetzt unvollendet.

Wie wurde die deutsche AKBP das, was sie heute ist? »Nichts ist so beständig wie der Wandel«[3], demgemäß kann die AKBP auf eine äußerst wechselhafte, auch turbulente Geschichte zurückschauen – geprägt von zahlreichen Paradigmenwechseln und Spannungsverhältnissen: zwischen Interessen und Verantwortung, zwischen Macht und Autonomie, zwischen Propaganda und Austausch, zwischen Rassismus und Respekt. Die Geschichte der AKBP ist die Basis ihrer Gegenwart, und die Gegenwart wird ihre Zukunft bestimmen.

Im Jahr 1912 wurde der Begriff der Auswärtigen Kulturpolitik von dem Historiker Karl Lamprecht vermutlich das erste Mal verwendet. Außer Frage steht, dass eine außenkulturpolitische Praxis im Sinne eines Kulturaustausches schon länger existierte. Bereits im Deutschen Kaiserreich von 1871 bis 1918 wurde Kultur gezielt zur wirtschaftlichen, politischen und religiösen Einfluss- und Machtübernahme im Außen eingesetzt, bspw. gegenüber konkurrierenden Imperien und gegenüber Kolonien. Die Voraussetzung waren die Gewissheit der Überlegenheit der eigenen Kultur und ihre Dienstbarkeit. Während des Ersten Weltkriegs von 1914 bis 1918 war die Auswärtige Kulturpolitik Bestandteil der Kriegspropaganda. Das führte dazu, dass ihre Glaubwürdigkeit nach Kriegsende massiv beschädigt war. Mit gezielter Außenkulturpolitik wurde folglich versucht, den Geltungsverlust des Deutschen Reiches zu kompensieren. Im Jahr 1920 wurde eine Kulturabteilung im Auswärtigen Amt geschaffen, die sich von jedweder Propaganda abkehrte und einer neuen Sachlichkeit verschrieb. Auch war mit der Gründung der kulturpolitischen Abteilung beabsichtigt, die Kultur in ihrem Eigenwert darzustellen sowie in ihrer Eigenständigkeit zu fördern und so eine Balance zur Wirtschaftspolitik zu schaffen. Somit wurde die AKBP zwischen den beiden Weltkriegen ein festes Element der Außenpolitik.

Das nationalsozialistische Regime machte die Errungenschaften der 1920er-/30er-Jahre wieder zunichte. Der Kulturimperialismus des Dritten Reiches mit seinem Rassismus und seinem Machtstreben beherrschte sämtliche Beziehungen im Außen. Die in der Weimarer Republik eingeführten pluralistischen und dezentralen Strukturen Auswärtiger Kulturpolitik wurden durch eine einheitliche und zentral gesteuerte Ausrichtung des Reichspropagandaministeriums ersetzt.

Nach dem Ende des Zweiten Weltkriegs und der Gründung der Bundesrepublik Deutschland knüpfte die AKBP an die Weimarer Zeit an. Das Ziel war die Reintegration des politisch isolierten Deutschlands in die internationale Staatengemeinschaft durch vertrauensbildende Maßnahmen. Die Mittlerorganisationen, die zwar staatlich finanziert, aber eigenständig tätig sind, um der Instrumentalisierung von Kunst und Kultur kein weiteres Mal Vorschub zu leisten, wurden aufgebaut.[4] Ihre Aufgabe war die Umsetzung der außenkulturpolitischen Leitlinien. Sie präsentierten das neue Deutschland und schafften Zugang zur deutschen Sprache und Kunst, um das Ansehen der Bundesrepublik als Kulturnation wiederherzustellen. Auch wurden deutsche Wissenschaftler international vernetzt, um die Reputation Deutschlands als zivilisierte Gesellschaft wiederaufzubauen. Anfang der 1950er-Jahre schloss die Bundesrepublik erste Kulturabkommen ab, bspw. mit den USA und Frankreich, und wurde 1951 von der UNESCO als Mitglied aufgenommen.

Mit dem Bau der Berliner Mauer im Jahr 1961 begann die kulturpolitische Rivalität zwischen der DDR und der BRD. Westdeutschland verschrieb sich der Völkerverständigung und der Friedenssicherung, indem die Mittler ein umfassendes Bild vom politischen, gesellschaftlichen und kulturellen Leben der Bundesrepublik zeigten – ein Deutschland, welches freiheitlich-demokratisch und parlamentarisch geprägt war. Die DDR warb im Ausland indes mit einer sozialistischen deutschen

Nationalkultur. Indem sie zahlreiche Kulturabkommen mit den blockfreien Ländern sowie den sogenannten Entwicklungsländern einschloss, forcierte sie das Ziel, ihre völkerrechtliche Anerkennung zu erwirken.

Ein neuer Schwerpunkt der AKBP, der sich bereits in den 1950er-/60er-Jahren im Zuge der Unabhängigkeitsbewegungen in den Kolonien abzuzeichnen begann, lag auf der engeren Verknüpfung von Kultur und Entwicklung (UNESCO 1982).[5] Durch eine kulturell eingebettete Entwicklungspolitik sollten eine Vertiefung und Nachhaltigkeit der sogenannten Entwicklungshilfe erreicht werden. Doch der Export westlicher Werte und Errungenschaften spielte nach wie vor die vorherrschende Rolle. Die Auseinandersetzung mit der Kultur des Gastlandes war noch nachgeordnet.

Mit der Regierung Willy Brandts, Bundeskanzler von 1969 bis 1974, setzte eine programmatische und konzeptionelle Neudefinition und -gestaltung der AKBP ein. Die Gegenseitigkeit im Sinne eines partnerschaftlichen Austausches und offenen Dialogs zur Völkerverständigung wurde das leitende Motiv der AKBP und löste den Wettbewerb der Systeme und die reine Repräsentation im Sinne eines Kulturexports ab. Walter Scheel, Bundesminister des Auswärtigen von 1969 bis 1974, sagte, die Kulturbegegnungen müssten den »bisher gültigen ästhetisch-akademischen Rahmen sprengen«, und die Kulturarbeit müsse sich zukünftig »auf alle Bereiche internationaler und gesellschaftlicher Zusammenarbeit erstrecken.« (Scheel zitiert nach Schneider 2008: 170). Grundlage für diese Ausweitung der AKBP war die Abkehr vom engen und die Hinwendung zum erweiterten Kulturbegriff (UNESCO 1982:1) Kulturpolitik wurde fortan als Gesellschaftspolitik, die sich »mit den kulturellen und zivilisatorischen Gegenwartsproblemen befass[t]«, verstanden, wie es 1970 die Leitsätze für die Auswärtige Kulturpolitik des damaligen Parlamentarischen Staatssekretärs im Auswärtigen Amt, Ralf Dahrendorf, beschreiben (Auswärtiges Amt 1970: 184). Es wurde bekräftigt, dass die AKBP »tragender Pfeiler unserer Außenpolitik« ist, auch als »dritte Säule« – gleichwertig neben der Außenwirtschaftspolitik und der Diplomatie – bezeichnet (Auswärtiges Amt 1970: 185). Demnach war bereits in Dahrendorfs Leitsätzen eine Nachhaltigkeit von AKBP – im Sinne von langfristigen Strategien und Handlungsplänen inklusive Wirkungsanalysen – fest verankert.

1975 legte die Enquête-Kommission Auswärtige Kulturpolitik, beauftragt vom Deutschen Bundestag im Jahr 1970, einen Bericht zur AKBP vor. Die Kommission hatte die Aufgabe – auf Grundlage einer umfangreichen Analyse von Zielen, Inhalten, Maßnahmen und Organisationsformen – Empfehlungen für eine zukünftige AKBP abzugeben. In ihrem Bericht wurde unter anderem empfohlen, einen ständigen Unterausschuss Auswärtige Kultur- und Bildungspolitik des Auswärtigen Ausschusses des Deutschen Bundestags einzurichten. Auch wurde die Vermittlung der deutschen Sprache und eines ausgewogenen, selbstkritischen und wirklichkeitsnahen Deutschlandbildes im Ausland erneut betont und die verstärkte Zusammenarbeit mit den sogenannten Entwicklungsländern, unter Berücksichtigung ihrer Bedarfe und der lokal vorherrschenden Gegebenheiten, angeregt.

Die Regierung unter Helmut Kohl – von 1982 bis 1998 sechster Bundeskanzler der Bundesrepublik Deutschland – führte die angestrebten kulturellen Wechselbeziehungen mit den sogenannten Entwicklungsländern der 1970er-Jahre fort. 1982 publizierte Hildegard Hamm-Brücher, Staatsministerin im Auswärtigen Amt von 1976 bis 1982, die »Zehn Thesen zur kulturellen Begegnung und Zusammenarbeit mit Ländern der Dritten Welt«, in denen sie sich für eine »Gleichwertigkeit der Kulturen« aussprach (Hamm-Brücher/Auswärtiges Amt 1982: 191 f.), was allein aufgrund der finanziellen Asymmetrien mit diesen Ländern kaum realisierbar war. Neben dem »Nord-Süd«-Dialog intensivierte die Regierung unter Helmut Kohl vor allem die Zusammenarbeit mit Mittel- und Osteuropa in Kultur, Wissenschaft und Medien – insbesondere nach der Wiedervereinigung von 1989/90 und den daraufhin einsetzenden Transformationsprozessen der ehemals sozialistischen Mitgliedstaaten der UdSSR. Nach der deutschen Einigung mussten die außenkulturpolitischen Strukturen der DDR in eine bundesdeutsche AKBP integriert werden. Im Jahr 1992 erweiterte die Unterzeichnung des Vertrags zur Europäischen Union die deutsche AKBP um eine europäische Dimension, die ebenfalls nach konzeptioneller und inhaltlicher Ausgestaltung verlangte – im Sinne einer Darstellung der Vielfalt der europäischen Kulturen, der Etablierung einer Außenkulturpolitik der EU und des Aufbaus eines Zusammenhalts innerhalb Europas.

Mit der rot-grünen Regierungsübernahme im Jahr 1998 und mit der Jahrtausendwende wurden die Aufgaben und Ziele der AKBP – unter Bundeskanzler Gerhard Schröder und Bundesaußenminister Joschka Fischer (beide von 1998 bis 2005) – grundlegend erweitert. Vor dem Hintergrund einer zunehmend medialisierten und globalisierten Welt sowie einer neuen multipolaren Weltordnung inklusive ihrer politischen, wirtschaftlichen und sozialen Krisen erhielt die AKBP einen weit gefassten gesellschaftlichen Auftrag integrativer und präventiver Natur. Die neue AKBP-Strategie – zusammengefasst in der »Konzeption 2000« – verschrieb sich unter anderem der Konfliktprävention und damit Friedenssicherung, Förderung von Demokratie und Menschenrechten, Armutsbekämpfung und Ressourcenschonung. Um die Bearbeitung dieser Themenvielfalt (vgl. ifa-Jubiläumsbroschüre 2020, 12 ff.) realisieren zu können, setzte man verstärkt auf die Kooperation mit zivilgesellschaftlichen Organisationen. Aufgrund dieser Ausrichtung bestätigte sich Kulturpolitik als Gesellschaftspolitik – sowohl im Außen als auch im Innen.[6]

Während Befürworter von einer »Revolutionierung« der AKBP sprachen (zitiert nach Wittek 2006:11), setzten Kritiker entgegen, dass das Politikfeld, unübersichtlich und vollkommen »überladen«, seine Ziele und Aufgaben nicht mehr bewältigen könne, auch weil die dafür benötigten ressortübergreifenden Strukturen fehlten. Erneut stand der Vorwurf der Instrumentalisierung der AKBP im Raum. Der Aufgabenzuwachs der AKBP stand auch der damaligen Haushaltskonsolidierung diametral entgegen. Die erheblichen Sparmaßnahmen hatten zur Folge, dass eine privat-öffentliche Leistungsrealisierung im Sinne von Public-Private Partnership angestrebt wurde. Im Laufe der Zeit wurde der Begriff der Konfliktprävention differenziert: Kultur kann keine Konflikte lösen oder direkt auf sie einwirken. Vielmehr ist sie ein Krisen verhinderndes »Frühwarnsystem« (Enzensberger 1996:36 ff.) im Sinne eines vorpolitischen Freiraums, in dem Verständigung erzeugt werden kann.

Im Jahr 2005 übernahm Angela Merkel die Regierungsverantwortung, und Frank-Walter Steinmeier wurde Bundesaußenminister bis 2017,[7] mit einer vierjährigen Unterbrechung zwischen 2009 und 2013. Steinmeier unterzog die AKBP einem weiteren Reformprozess, unter anderem mit »Menschen bewegen« und dem einleitend erwähnten Review-Prozess. Er setzte auf Kooperation in Bildung, Wissen und Kultur – unter Einbeziehung neuer zivilgesellschaftlicher Akteursgruppen – sowie auf die kreative Auseinandersetzung mit der Außenperspektive, um das Fremde und das Eigene (besser) zu verstehen. Diese prinzipiell dialogische AKBP erlebte einen Aufschwung – von einer singulären Interessens- bzw. Repräsentationspolitik zu einer globalen Verantwortungspolitik, die bis heute fortbesteht. Sie wurde lediglich von Guido Westerwelle, Bundesminister des Auswärtigen von 2009 bis 2013, unterbrochen, als er im Jahr 2011 eine Neukonzeption der AKBP mit dem Titel »Auswärtige Kultur- und Bildungspolitik in Zeiten der Globalisierung. Partner gewinnen, Werte vermitteln, Interessen vertreten« vorlegte. Nach Ansicht renommierter Kulturpolitiker traten in dieser Konzeption die Repräsentation eines positiven Deutschlandbildes und die Propaganda – im Sinne einer sehr eingeschränkten Bereitschaft, anderen Nationen kulturellen Einfluss zu gewähren – wiederholt in den Vordergrund (Vgl. Düwell 2009:77). Aufgrund dessen und auch weil die Rolle der AKBP nach innen, im Sinne eines kritischen Blickes der Welt auf Deutschland, vernachlässigt wurde, blieb diese Konzeption bedeutungs- und wirkungslos.

Heute spricht man von einer Kulturpolitik der Transformation. Neben veränderten Rahmenbedingungen, jüngst bspw. ausgelöst durch die Covid-19-Pandemie, und aufgrund der Hinwendung der AKBP zu global leitenden Themen wie zum Beispiel der Klimakrise, geht es vor allem um die Aufarbeitung der von Brüchen gekennzeichneten deutschen Geschichte in und mit der Welt. Die Auseinandersetzung mit der deutschen Kolonialgeschichte und mit den Menschheitsverbrechen der Nationalsozialisten, die Beschäftigung mit der deutsch-deutschen Wiedervereinigung sowie mit Deutschland als Einwanderungsland seit den 1950er-Jahren sind notwendig.[8] Sie bieten die Chance einer Kultur des Lernens – für eine friedliche und freiheitliche Zukunft. Wolf Lepenies' »[globale] Lerngesellschaft« (Lepenies 1996:48) Mitte der 1990er-Jahre – als Antwort auf den seinerzeit anhaltenden Kulturexport Deutschlands und auf dessen damaligem Auftreten als »Lehrmeister« in der Welt – ist heute aktueller denn je. Das Lernen von und miteinander funktioniert in internationalen Beziehungen nur – so sind sich die Expertinnen und Experten aus Kultur und Wissenschaft einig – unter Einhaltung zweier Prinzipien: dem Dialogpartner mit Demut zu begegnen und ihm zuzuhören. Allein in dieser Vielstimmigkeit und Multiperspektivität können die gesellschaftlichen Herausforderungen unserer immer komplexer werdenden Welt möglicherweise gelöst werden. Dazu gehört auch, Unsicherheit hervorbringende Widersprüche – bspw. die globale Vernetzung, die an nationalen Grenzen nicht haltmacht, bei gleichzeitig erstarkendem Nationalismus und Populismus inklusive der daraus resultierenden Abschottung vom Außen und Fremdenhass – auszuhalten. Letztendlich geht es um eine konsistente – und damit glaubwürdige – Haltung, im Innen wie im Außen: »Der Anspruch der deutschen Auswärtigen Kulturpolitik [hinsichtlich ihrer Ziele, Prinzipien und Werte, Anm. der Autorin] […] muss sich an der Realität in Deutschland und an der deutschen EU-Politik messen lassen«, so Sigrid Weigel im Jahr 2019 in ihrer vom Institut für Auslandsbeziehungen in Auftrag gegebenen Studie zur Analyse der gegenwärtigen deutschen Außenkulturpolitik mit dem Titel »Transnationale Auswärtige Kulturpolitik: Jenseits der Nationalkultur«. Ein gegenwärtiges intensives Arbeitsfeld der deutschen AKBP, welches diesen Anspruch zu erfüllen vermag, sind bspw. der Erhalt und die Förderung von Freiheitsräumen in Kunst und Wissenschaft durch die Aufnahme von bedrohten bzw. verfolgten und daher geflüchteten Akademikerinnen und Akademikern sowie Kulturschaffenden. Dieses Engagement verbindet das Außen und Innen, welches nicht mehr voneinander trennbar ist, auf eindrückliche Art und Weise und unterstreicht einen der zukünftigen Schwerpunkte der AKBP: die Vielzahl und Vielfalt der Zivilakteure zu »empowern« und mit ihnen fokussiert zusammenzuarbeiten.

Anmerkungen

1 Heiko Maas ist seit März 2018 Bundesminister des Auswärtigen. Seit 2018 gibt es auch das Amt der Staatsministerin (Parlamentarische Staatssekretärin) für Internationale Kulturpolitik beim Bundesminister des Auswärtigen, welches Michelle Müntefering innehat. Die acht Bereiche sind: Kultur und Krise, Strategische Kommunikation, Postnationalstaatliche Kulturpolitik, AKBP in illiberalen Kontexten, Science Diplomacy, Digitalisierung, Europa, Zivilgesellschaft.

2 Der Review-Prozess (2014-2015) hatte fünf Schwerpunktbereiche: Koproduktion, Ordnung, Krise, Zivilgesellschaft und kulturelle Infrastruktur. Ziel des einjährigen Prozesses, der als gesellschaftlicher Diskurs sowohl die Innen- als auch Außenperspektive einbezog, war es, die Vielfalt von außenpolitischen Instrumenten zur Friedenssicherung aufzuzeigen. Frank-Walter Steinmeier war von 2005 bis 2009 und von 2013 bis 2017 Bundesaußenminister.

3 Dieses Zitat wird dem griechischen Philosophen Heraklit von Ephesus zugesprochen.

4 Die Mittlerorganisationen sind allen voran: das Goethe-Institut (GI), das Institut für Auslandsbeziehungen (ifa), der Deutsche Akademische Austauschdienst (DAAD), die Deutsche Welle (DW), die Alexander von Humboldt-Stiftung (AvH). Weitere Akteure sind bspw. Stiftungen politischer oder zivilgesellschaftlicher Natur. Sie werden finanziert vom Auswärtigen Amt, vom Bundesministerium für wirtschaftliche Zusammenarbeit und Entwicklung und vom Bundesministerium für Bildung und Forschung. 1949 wurde die Kultur- und Kunstfreiheit im Grundgesetz der Bundesrepublik verankert.

5 Die UNESCO beschreibt diese Wechselwirkung von Kultur und Entwicklung wie folgt: »[D]er Mensch [wird] durch die Kultur befähigt, über sich selbst nachzudenken. Erst durch die Kultur werden wir zu menschlichen, rational handelnden Wesen, die über ein kritisches Urteilsvermögen und ein Gefühl der moralischen Verpflichtung verfügen. Erst durch die Kultur erkennen wir Werte und treffen die Wahl. Erst durch die Kultur drückt sich der Mensch aus, wird sich seiner selbst bewusst, erkennt seine Unvollkommenheit, stellt seine eigenen Errungenschaften in Frage, sucht unermüdlich nach neuen Sinngehalten und schafft Werke, durch die er seine Begrenztheit überschreitet.«

6 1998 wurde das Amt der/des Beauftragten der Bundesregierung für Kultur und Medien von Gerhard Schröder neu geschaffen.

7 Im Jahr 2005 wurde auch von der UNESCO das »Übereinkommen zum Schutz und zur Förderung der Vielfalt kultureller Ausdrucksformen« beschlossen. Die Konvention verankert das Menschenrecht auf kulturelle Selbstbestimmung im Völkerrecht und gilt fortan als grundlegender internationaler Referenzrahmen für kulturpolitisches Handeln. 2007 trat das Abkommen in Deutschland in Kraft.

8 Geschichte zu verschleppen ist verheerend, wie Bénédicte Savoy, Professorin für Kunstgeschichte an der Technischen Universität Berlin, in der FAZ vom 15.12.2020 aufzeigt: Von der Bitte aus den 1970er-Jahren der afrikanischen an die europäischen Partner zur heutigen endgültigen Forderung – nach etlichen Kränkungen und Demütigungen –, die kolonial erworbenen Kunst- und Kulturgüter zurückzugeben.

Literatur

Auswärtiges Amt (1970): Leitsätze für die auswärtige Kulturpolitik, in: Wolfgang Schneider (Hg.), Auswärtige Kulturpolitik. Dialog als Auftrag – Partnerschaft als Prinzip, Bonn.

Düwell, Kurt (2009), Zwischen Propaganda und Friedensarbeit – 100 Jahre Geschichte der Auswärtigen Kulturpolitik, in: Kurt-Jürgen Maaß, (Hg.), Kultur und Außenpolitik. Handbuch für Studium und Praxis, 2. Auflage, Baden-Baden.

Enzensberger, Hans Magnus (1996), Auswärts im Rückwärtsgang. Hans Magnus Enzensberger über die Blamage der deutschen Kulturpolitik im Ausland, in: Joachim Sartorius (Hg.), In dieser Armut – welche Fülle! Reflexionen über 25 Jahre auswärtige Kulturarbeit des Goethe-Instituts, Göttingen.

Hamm-Brücher, Hildegard /Auswärtiges Amt (1982), Zehn Thesen zur kulturellen Begegnung und Zusammenarbeit mit Ländern der Dritten Welt, in: Wolfgang Schneider (2008) (Hg.), Auswärtige Kulturpolitik. Dialog als Auftrag – Partnerschaft als Prinzip, Bonn.

ifa-Jubiläumsbroschüre 2020, ifa (Institut für Auslandsbeziehungen e. V.) (Hg.), Jubiläumsbroschüre Kompetenzzentrum. 10 Jahre ifa-Forschungsprogramm »Kultur und Außenpolitik« und 20 Jahre ifa-Forschungspreis »Auswärtige Kulturpolitik«, Stuttgart.

Lepenies, Wolf (1996), Wozu deutsche Auswärtige Kulturpolitik?, in: Joachim Sartorius (Hg.), In dieser Armut – welche Fülle! Reflexionen über 25 Jahre auswärtige Kulturarbeit des Goethe-Instituts, Göttingen.

Scheel, Walter (2008) zitiert nach Hilmar Hoffmann, Kultur für alle, in: Wolfgang Schneider (Hg.), Auswärtige Kulturpolitik. Dialog als Auftrag – Partnerschaft als Prinzip, Bonn.

UNESCO (1982), Erklärung von Mexiko-City über Kulturpolitik. Weltkonferenz über Kulturpolitik. 26.07.-06.08.1982, Mexiko.

Weigel, Sigrid (2019), Transnationale Auswärtige Kulturpolitik: Jenseits der Nationalkultur, Stuttgart.

Wittek, Bernhard (2006), Und das in Goethes Namen. Das Goethe-Institut von 1951 bis 1976, Berlin.

Ein Europa?

Von Ulrike Guérot

»Willkommen bei den Sch'tis« heißt eine französische Filmkomödie aus dem Jahr 2008, die man im Internet noch anschauen kann. Darin geht es um den südfranzösischen Postbeamten Philippe Abrams, der seine berufliche Versetzung an die sonnige Côte d'Azur erschwindeln will, dabei jedoch auffliegt und darum in die Normandie gleichsam strafversetzt wird, eine Normandie, in der es eiskalt ist und deren Bewohner – für südfranzösische Verhältnisse – sehr rustikal sein sollen. Als er mit dem Wagen aufbricht und im sonnigen Süden von seinen Freunden verabschiedet wird, bekommt er eine russische Fellmütze mit Ohrklappen geschenkt und macht ein entsetztes Gesicht, als er sie auspackt. Als er hoch im Norden Frankreichs ankommt, regnet es in Strömen: *Bonjour, Tristesse!*

Der Film ist zum totlachen. Ein Postbeamter, der vom einen Teil des Landes in einen anderen zieht und dabei das Gefühl hat, auswandern zu müssen und seiner (süd-)französischen Kultur beraubt zu werden. Schales Bier statt Pastis, fettige Fritten statt Fisch aus dem Mittelmeer, Wollmütze statt Sonnenhut. Und zu allem Überfluss versteht er seine Landsleute nicht, sie sprechen nämlich das französische »ç«, das in fast jedem zweiten Wort vorkommt, so aus wie das »s«, nämlich als Zischlaut (»sch't«).

Was würden Populisten oder Nationalisten hier sagen, die die kulturelle Einheit und (ethnische) Homogenität der Nation beschwören? Eigentlich müsste ihnen das Lachen im Hals stecken bleiben, denn eines wird deutlich: Die Kultur macht die Nation nicht aus, im Gegenteil. Ein Nationalstaat kann viele regionale Kulturen umfassen. Eigentlich ist das sogar eher die Normalität, und bis vor kurzem hat sich auch niemand so richtig daran gestört. Die Bretonen und die Korsen in Frankreich sprechen zum Beispiel weder die gleiche Sprache, noch haben sie die gleiche Kultur, von der Gracht bis zur Küche. Aber sie leben im selben Staatsverband, heute der V. Republik. Diese wiederum ist ein Produkt der Geschichte, denn nicht immer befanden sich Korsen und Bretonen im selben Staatsverband oder eben *Nationalstaat,* wie es heute so oft heißt. Eigentlich gilt das für ganz Europa (und sogar die meisten Teile der Welt): Die Entscheidung darüber, wer sich heute mehr oder weniger zufällig einen Staatsverband teilt, ist menschengemacht und ein historischer Prozess. Nationalstaaten fallen nicht vom Himmel, und meistens müssen sich mehrere Nationen (oder Völker oder auch Stämme) einen Nationalstaat teilen. Wer sind denn *die* bruttotypischen Deutschen? Die Bayern, die Rheinländer oder die Sachsen?

Wer denkt, dass die Frage, wer zusammen in einem Nationalstaat lebt, keine aktuelle sei, der sei auf das Vereinigte Königreich verwiesen, das aus der EU ausgetreten ist. Nicola Sturgeon, die Regierungschefin von Schottland (das einmal eine Nation war und sich auch als solche empfindet – die Unabhängigkeitspartei dort heißt nicht umsonst Scottish *National* Party (SNP) – heute aber nur noch eine Region innerhalb des Vereinigten Königreiches ist) hat bereits angekündigt, dass sie ein zweites Referendum über die schottische Unabhängigkeit durchführen und möglichst wieder der EU beitreten will. Nach heutigem Stand wären 58 Prozent der Schotten dafür. Auch die Mehrheit der Katalanen würde liebend gerne aus dem spanischen Staatsverband austreten, aber im Euro und in der EU bleiben.

Was bedeutet dieser Wirrwarr von Region und Nation, von Kultur und Homogenität, von verschiedenen Völkern, die sich einen Staatsverband teilen müssen, nun alles für das europäische Große und Ganze? Immerhin leben wir im 21. Jahrhundert, haben aufgeklärte Bürgerinnen und Bürger und müssten beim Rückblick in die europäische Geschichte längst erkannt haben, dass Nation und Staat, Kultur und Landesgrenzen, Staatsbürgerschaft und Nationalität nicht kongruent sind. Wie konnte es in Anbetracht dessen dazu kommen, dass in ganz Europa Populisten und Nationalisten mit nostalgisch verklärten Blicken auf vermeintlich ethno-kulturell klar umrissene Grenzen und Völker den politischen Diskurs über Europa und seine Zukunft so stark prägen, obgleich sie nur eine lautstarke Minderheit sind? Wie kann man wieder in den Köpfen verankern, dass Kultur und Region, Nation und Staat verschiedene Paar Schuhe sind, dass viele Regionen und Kulturen in einem Staatsverband zusammenleben können, und dass das Kriterium für Demokratie und Staatlichkeit nicht die Nation, die Identität oder die Herkunft ist? Das gilt besonders für Europa, das immer genau das sein wollte, nämlich Einheit in Vielfalt, was – wie für jede andere politische Einheit bzw. wie für jeden anderen Staatsverband – nur heißen kann: normative, also rechtliche Einheit bei kultureller Vielfalt! Im Recht geeint, in Sprache und Kultur verschieden, dieses Prinzip ließe sich auch für eine europäische Staatlichkeit verfolgen. So wie Korsen und Bretonen heute in einem französischen Staatsverband, verfasst als Republik, zusammenleben können, so müssten theoretisch in Zukunft auch Böhmen und Tiroler, Rheinländer und Andalusier, Schotten und Bretonen in einer politischen Einheit Europas, einer europäischen Demokratie, zusammenleben können, ohne dass jemand dabei seine Identität oder Kultur verliert. In der europäischen *République des Lettres* wurde immer nach Epochen – Barock, Renaissance, Romantik, Aufklärung, Moderne – unterschieden, nicht nach Nationalität: Débussy, Chopin und Sibelius sind zusammen die musikalische Romantik Europas, bevor sie jeweils Franzose, Pole bzw. Finne sind. Was würde es bedeuten, vor diesem Hintergrund über die Ausgestaltung einer europäischen Demokratie nachzudenken, die niemandem die Kultur oder Identität raubt und damit auch den Verlustängsten der Populisten oder Nationalisten begegnet, die aber trotzdem die Schaffung einer funktionierenden politischen Einheit Europas erlaubt?

Diese Frage ist nicht trivial in Zeiten einer Pandemie, die Europa vor eine große Zerreißprobe stellt. Noch ist nicht klar, ob das Versprechen der bedingungslosen Solidarität eingelöst wird, das sich Europa zu Beginn der Pandemie im Februar 2020 gegeben hat. Momentan im Lockdown nahezu bewegungslos, ist allen – von Schweden bis Italien – klar, dass Europa nach der Pandemie die Kurve kriegen muss, um als politische Einheit gestärkt aus der Krise hervorzugehen. Ursula von der Leyen, die amtierende EU-Kommissionspräsidentin, weiß, dass »nationale« Lösungen Europa nicht durch die Krise bringen: Alle Länder der EU leben vom Binnenmarkt, kein Land kann ihn in Zeiten der Pandemie und kolossaler ökonomischer Verwerfungen alleine stabilisieren. Alle EU-Staaten – auch die, die sich als »sparsam« wähnen bzw. so bezeichnen – hängen am Euro und am Rettungsschirm von 1,8 Milliarden Euro, den die Europäische Zentralbank im März 2020 über Europa aufgespannt hat – kein *nationales* Rettungsprogramm würde derzeit ohne ihn funktionieren. Die EU hat zudem ein Rescue-Package von insgesamt 750 Milliarden verabschiedet, ohne das kein EU-Mitgliedsstaat seine Digitalisierung vorantreiben, die Modernisierung seiner Volkswirtschaft beschleunigen oder die Umstellung auf nachhaltige Energieformen für den Klimaschutz erreichen könnte.

Auch die Zitronen müssen in Zeiten der Pandemie in die nordeuropäischen Supermärkte gebracht werden, die Arbeiterinnen und Arbeiter in Grenzregionen über die jeweiligen nationalen Grenzen kommen, und nicht zuletzt sollen – man hat aus der ersten Welle gelernt – Covid-19-Patienten grenzübergreifend versorgt und auf die Krankenhäuser verteilt werden. Entsprechende Apps sind bereits entwickelt worden. Corona-

Patienten im belgischen Liège, das an seine Belastungsgrenze stößt, werden z.B. in Nordrhein-Westfalen behandelt. Bei Gütern, Geld und eben auch Menschen nicht mehr nach Nationalität zu unterscheiden, das wäre eine Idee für ein anderes und demokratisches Europa, das nach der Pandemie institutionell in Form gegossen werden müsste. Eigentlich arbeitet die EU-Kommission grade genau daran, nämlich an einem europäischen Kurzarbeitergeld (SURE), an Plänen zu einer europäischen Arbeitslosenversicherung bzw. einem europäischen Mindestlohn (auch wenn diese wieder – wie fast alles – vom europäischen Rat aufgeweicht wurden) oder an dem Aufbau einer europäischen Politik im Bereich der Gesundheitsversorgung (*European Public Health Service*) und einer sozialen Säule, kurz: an der rechtlichen und sozialen Gleichstellung der europäischen Bürgerinnen und Bürger. Daraus könnte nach der Pandemie ein neuer europäischer Schuh werden!

Der Zugang zu einem neuen, anderen, solidarischen Europa liegt im Begriff bzw. der Ausgestaltung einer europäischen Bürgerschaft, *European Citizenship*, die allen EU-Bürgerinnen und Bürgern unabhängig von ihrer Nationalität die gleichen Rechte gibt. Mit Kultur und Identität hat das erst einmal wenig zu tun. An einer solchen *European Citizenship* wird derzeit intensiv gearbeitet.

Im Kontext des Brexit ist eine Klage am Europäischen Gerichtshof anhängig, die darauf verweist, dass »*European Citzenship of permanent status*«, also unveräußerlich ist. Sollte diese Klage vom EuGH angenommen, würde das bedeuten, dass die Britinnen und Briten europäische Bürgerinnen und Bürger bleiben, auch wenn ihr Staat, das Vereinigte Königreich, die EU gemäß Artikel 50 verlassen hat. Dies wäre ein Paradigmenwechsel. Denn die EU ist nach Artikel I-XII des Maastrichter Vertrages von 1992 zugleich Staatenunion und Bürgerunion. Wenn ein Staat – wie jetzt Großbritannien – die EU verlässt, heißt das nicht unbedingt, dass auch die Bürgerinnen und Bürger dieses Staates die EU verlassen, wenn die europäische Bürgerunion juristisch gesehen Eigenständigkeit und damit Souveränität besäße. Genau darum geht es bei der erwähnten Klage.

Zum anderen gibt es ein Aktionsbündnis, bestehend aus inzwischen rund 56 europäischen Nicht-Regierungsorganisationen, die sich am 9. Mai 2020 anlässlich des 70. Jahrestags der Gründung der Europäischen Gemeinschaft von Kohle und Stahl (EGKS) unter dem Hashtag #CTOE (*Citizens Take Over Europe*) zusammengeschlossen haben und als *European Citizens Assembly* jeden Montag von 10.00 bis 12.00 Uhr gemeinsam an einer europäischen Verfassung arbeiten. Die Initiative #CTOE hat sich bereits in zahlreiche lokale und regionale Untergruppen eingeteilt, so dass jeder an fast jedem Ort in Europa mitwirken kann. So kann eine europäische Demokratie entstehen, an der alle europäischen Bürgerinnen und Bürger teilhaben und in der sie mitwirken können, wobei sie die Demokratie in Europa so transzendiert, dass sie von Herkunft, Identität und Nationalität entkoppelt wird. Für die Frage, ob man zum Beispiel für oder gegen eine europäische Arbeitslosenversicherung oder ein europäisches Grundeinkommen ist, ist es weniger wichtig, ob man Finne, Pole, Österreicher oder Portugiese, wohl aber, ob man eher konservativ, liberal, progressiv oder sozialdemokratisch ist. In einer europaweiten Umfrage der University of Oxford haben sich im April 2020 zum Beispiel rund 72 Prozent der Befragten ein europäisches Grundeinkommen gewünscht. Oft scheint es, dass die europäischen Bürgerinnen und Bürger in diesen Fragen weiter sind als ihre jeweiligen politischen Repräsentanten, die dies niemals entscheiden würden, da sie immer »ihre eigenen« Bürgerinnen und Bürger bevorteilen wollen. So kommen jene populistischen oder auch nationalistischen politischen Diskurse zustande, in denen etwa über eine europäische »Transferunion« geschimpft wird, in der sich Niederländer oder Deutsche darüber beklagen, für *die* Italiener oder *die* Griechen bezahlen zu müssen, wobei die wenigsten wissen, dass Italien Nettozahler der EU ist und die reichen Regionen (z.B. Mailand) längst für die Stadtrenovierungen von Breslau, Brünn oder Łódz bezahlen – die dann zum Beispiel österreichische Touristen gerne über das Wochenende besuchen.

Fazit: Nur wenn wir uns nach der Pandemie darauf einigen, den Begriff einer europäischen Bürgerschaft, einer *European Citizenship*, so auszubuchstabieren, dass perspektivisch alle Bürgerinnen und Bürger in Europa gleich sind vor dem Recht, und zwar in allen Belangen – bei Wahlen, bei Steuern und beim Zugang zu sozialen Rechten; nur wenn die europäischen Bürgerinnen und Bürger in Zukunft in »Post-Covid-19-Europa« das *Sacre du Citoyen*, das Heiligtum des bürgerlichen Daseins teilen, wie der französische Soziologe Pierre Rosanvallon es nennt, nur dann können wir ein politisches Europa gestalten und eine europäische Demokratie hervorbringen, die der Werte Europas und seiner eigenen geistesgeschichtlichen Entwicklung seit den alten Griechen würdig ist, in der die demokratische Aushandlung in einer politischen Gemeinschaft nie von Kultur, Identität oder Herkunft abhängt, sondern vom allgemeinen politischen Gleichheitsgrundsatz für alle Bürgerinnen und Bürger. Er ist die notwendige, wenn auch nicht hinreichende Bedingung jeder Demokratie, er sollte auch für Europa gelten!

Innen und Außen in der Kulturpolitik der Europäischen Union

Von Stuart MacDonald und Andrew Murray

Seit 2016 sind eine Vielzahl von Veröffentlichungen des Hohen Vertreters der EU für Außen- und Sicherheitspolitik (Gemeinsame Mitteilung 2016), des Europarats (Council Conclusions 2019); der Europäischen Kommission (A New Europan Agenda for Culture 2018) und des EU-Parlaments (European Capitals of Culture 2019; Cultural and Creative Sectors 2021) erschienen, die gemeinsam ein vielfältiges Kompendium an politischen Richtlinien, Ressourcen, Erklärungen und Vorschlägen zur Kulturpolitik und der Rolle der Kultur in den Außenbeziehungen der EU ergeben.

Dieser Beitrag geht davon aus, dass aus den Diskussionen in der EU im Rahmen dieses Prozesses ein kohärenter Ansatz für die Überschneidung von Innen- und Außenpolitik innerhalb der Grenzen der EU-Zuständigkeiten entwickelt werden konnte. Wir wissen mittlerweile, was in rechtlicher und politischer Hinsicht möglich ist.

Daher sind wir der Ansicht, dass es jetzt darum geht, die Politik umzusetzen, die seit 2016 innerhalb der Rahmenbedingungen der neuesten »Gemeinsamen Mitteilung über die Außenbeziehungen der EU« vereinbart wurde (Gemeinsame Mitteilung 2021).

Die EU verfügt nun über Mechanismen, die Akteure zusammenzubringen, die für das vereinbarte Vorgehen der EU in der Innen- und Außenkulturpolitik der Mitgliedsstaaten und für die entsprechenden Strategien innerhalb eines vereinbarten Rahmens der gemeinsamen Richtlinien von EAD und EUNIC[1] verantwortlich sind. Dabei geht es darum,

> »einen praktischen Rahmen bereitzustellen, um die Partnerschaft zwischen der EU und EUNIC zu stärken und zu ermöglichen. Sie sollen Kollegen in Delegationen der EU, in den EUNIC-Clustern in der ganzen Welt, in der Europäischen Kommission (EK), im *Europäischen Auswärtigen Dienst* (EAD), und in den Hauptniederlassungen der EUNIC-Mitglieder dazu beraten, wie sie effektive

Arbeitsbeziehungen herstellen können, um ihre Kooperation weiter zu optimieren und Synergien und Komplementarität in der Umsetzung von Strategien und Projekten in den kulturellen Beziehungen zu garantieren.« (Joint Guidelines 2019:5)[2]

Zusammengefasst definieren diese Politiken, Mitteilungen, Entscheidungen und Schlussfolgerungen die grundlegenden Prinzipien und Werte der EU in den internationalen Kulturbeziehungen. Die Rahmenbedingungen sind also vorhanden, und wir können nun fragen, wo wir heute stehen und welche Wege wir in Zukunft beschreiten wollen.

Im Folgenden fokussieren wir uns auf die Rolle der Kultur in den EU-Außenbeziehungen und darauf, wie die Kulturpolitik der Mitgliedstaaten im Inneren und ihre jeweils eigene internationale Kulturpolitik, ihre Strategien und Institutionen mit der multilateralen Agenda und den Institutionen der EU im Bereich der internationalen Beziehungen zusammengeführt werden können.

Dazu betrachten wir zunächst die »Gemeinsame Mitteilung an das Europäische Parlament und den Rat über die Stärkung des Beitrags der EU zum regelbasierten Multilateralismus« (2021). Sie legt dar,

> »welche Ziele die EU für das multilaterale System hat und was sie sich davon verspricht,
>
> wie die EU ihre Ziele erreichen kann, indem sie das System stärkt und leistungsfähiger gestaltet, und
>
> was die EU tun kann, um ihre Stärke wirksamer zu nutzen.« (Joint Guidelines 2019: 2)

Während die Gemeinsame Mitteilung nicht explizit über die Kultur in den EU-Außenbeziehungen spricht, sind einige Passagen doch aufschlussreich dafür, wie sich die EU das Thema Partnerschaft sowie gemeinsame Ziele und konsequentes Agieren im Inneren wie in den externen Handlungsfeldern vorstellt:

> »Für erfolgreiches globales Engagement muss die EU auch ihre *Partnerschaften und Bündnisse* mit Drittländern, multilateralen und regionalen Organisationen sowie mit anderen Partnern vertiefen, insbesondere mit denjenigen, die unsere demokratischen Werte

und Prioritäten teilen. Die EU wird sich jedoch je nach Thema auch um Berührungspunkte mit anderen Partnern bemühen – nicht zuletzt in Bezug auf globale öffentliche Güter.

Um die Fähigkeit der EU als globale Akteurin zu stärken, muss auch *die Kohärenz zwischen dem auswärtigen Handeln der EU und ihren internen Politikbereichen sichergestellt werden*. Die EU muss sich auf der Weltbühne unbedingt als Einheit und kohärent äußern, um ihre Rolle und ihren Einfluss zu optimieren. *Die EU muss als EINE Akteurin auftreten, um als Einheit erfolgreich zu sein.*« (Joint Guidelines 2019: 3)

Die Mitteilung betont auch, dass es notwendig ist, nach Möglichkeiten der Zusammenarbeit bei gemeinsamen Themen wie dem Klimawandel zu suchen.

In einem von uns jüngst für den British Council durchgeführten Forschungsprojekt lautet eines der wichtigsten Ergebnisse:

»Der Hauptzweck von kulturellen Beziehungen ist es, die Rahmenbedingungen für eine Zusammenarbeit zwischen Menschen und Ländern mit ähnlichen Sichtweisen zu schaffen, um das gemeinsame Wohl (am häufigsten den Zielen der nachhaltigen Entwicklung gleichgesetzt) zu fördern.« (British Council 2021:4)

Darüber hinaus zeigen weitere (bislang unveröffentlichte) Forschungsergebnisse zum Thema »Soft Power im Zeitalter des Wettbewerbs«, dass »kulturellen Beziehungen«, wie in der Gemeinsamen Mitteilung von 2016 vereinbart und danach durch weitere Veröffentlichungen ergänzt, bestens geeignet sind, diese Agenda zu unterstützen – selbst dort, wo es politische Meinungsunterschiede gibt:

»Kulturelles und bildungspolitisches Handeln kann eine gemeinsame Plattform für die Auseinandersetzung und Kooperation mit Regierungen bilden, auch wenn Beziehungen in anderen Bereichen schwierig sind, und es kann den zwischenmenschlichen Dialog und Austausch weiterhin bestehen und gedeihen lassen.« (British Council b 2021)

Da Kulturbeziehungen auf kommunikativen Handlungen beruhen, die zu langfristiger Zusammenarbeit führen können, haben sie das Potenzial, einen wesentlichen Beitrag zur Agenda 2021 zu leisten.

Nachdem wir gezeigt haben, dass kulturelle Beziehungen ein wesentlicher und effektiver Teil des Werkzeugkastens der internationalen Beziehungen sein können, haben wir zumindest teilweise eine Antwort auf das »Wie« gegeben.

Nun werfen wir einen Blick auf das »Was« und die Frage, was die EU tun kann.

Zunächst kann die EU bereits existierende Politiken und Instrumente einsetzen. Es gibt Vereinbarungen bezüglich des Vorgehens. Die Forschung bestätigt, dass diese Vorgehensweisen erfolgversprechend sind. Die harte bürokratische Arbeit an der Entwicklung von Evaluation und Ergebnissicherung ist schon weitgehend getan. Jetzt müssen sie finanziert und aktiviert werden.

Zweitens muss das Thema der Wertschöpfung zur Sprache kommen. Auch wenn es etwas plump erscheinen mag, muss die EU den Mitgliedstaaten klarmachen, dass ihre Teilnahme an einer EU-weiten Kulturarbeit in den externen Beziehungen nicht nur im geopolitischen Interessen der EU, sondern auch im Interesse der einzelnen Mitgliedstaaten liegt – insbesondere, was ihren eigenen Kultur-, Kreativ- und Bildungssektor betrifft. Die Forschung zeigt, dass dies am besten dann gelingt, wenn ein gemeinsames Interesse besteht – wie zum Beispiel die Bewältigung von globalen Herausforderungen.

Drittens muss die EU doppelgleisig fahren und akzeptieren, dass sowohl das Konzept der »Kulturdiplomatie« als auch der »kulturellen Beziehungen« seine Gültigkeit besitzt – je nachdem, welches Ziel erreicht werden soll. Die Forschung bestätigt, dass unterschiedliche operative Bereiche unterschiedliche Strategien benötigen. Die EU verfügt über eine Vielzahl an kulturellen Handlungsoptionen, die sie gemäß dem jeweiligen Bedarf in den entsprechenden Ländern einsetzen kann. Dort, wo eine kurzfristige Medienwirkung und das schnelle Erreichen eines Publikums benötigt werden oder wo Aktivitäten ein spezifisches Publikum über einen begrenzten Zeitraum ansprechen sollen, wird Kulturdiplomatie vielleicht am effektivsten sein. Aber dort, wo langfristige Kooperation und ein gemeinsamer Mehrwert durch zivilgesellschaftlichen Dialog gewünscht sind, zum Beispiel in komplexen postkolonialen Entwicklungs- oder Konfliktzusammenhängen, sind kulturelle Beziehungen unverzichtbar.

Viertens: Anstatt zu versuchen, einen alleingültigen Kulturbegriff zu definieren, kann die EU aus der enormen und vielschichtigen kulturellen Diversität Europas mit ihren lokalen und traditionellen Kulturen und ihren kosmopolitischen Verbindungen zu einer globalen Kulturelite schöpfen. So hat sie das Potenzial, der Welt eine EU zu zeigen, die kulturelle Diversität begrüßt und dazu prädestiniert ist, einen Dialog über die Bedeutung von Kulturaustausch in unserer heutigen mobilen und fragmentierten Welt zu eröffnen.

Schließlich muss das Vorgehen der EU bezüglich der Kultur in den externen Beziehungen auf diejenigen Aspekte der Kulturpolitik fokussieren, in welchen die EU im Namen aller Mitgliedsstaaten handeln kann. Das beinhaltet beispielsweise den Schutz von Rechten der Produzenten und Verbrauchern von Kunst und Kultur, die Vertretung der Mitgliedstaaten in globalen Organisationen, den Schutz der kulturellen Diversität vor dem »Recht des Stärkeren« im globalen Wettbewerb und auch die Unterstützung von Kulturschaffenden in der EU bei ihren Bemühungen um ein Publikum weltweit. Die Tätigkeiten von Tech-Unternehmen und aktuelle Trends in der Automatisierung werden hier besonders wichtig sein.

Auf dieser Basis kann die EU anfangen, ein packendes Narrativ zu entwickeln, das sie als normgebende Akteurin positioniert und deren Anliegen auf dem gemeinsamen Wohl und nicht auf der Behauptung kultureller Überlegenheit oder der Verfolgung eigener Interessen beruht. Dies wäre eine eigene Wertschöpfungsvariante, die die EU im Laufe der Zeit mit kulturellen Protagonisten innerhalb und außerhalb der Union verbinden und dabei Werte wie freie Meinungsäußerung und kulturelle Vielfalt unterstützen würde und die das Potenzial hätte, neue strategische Kontakte und Partnerschaften zu etablieren. Die EU würde das Gedeihen von Kultur(en) in der ganzen Welt unterstützen – und auch als Unterstützerin wahrgenommen werden, ohne Kultur auf westeuropäische Normen zu beschränken oder Innovation (ein wirklich globaler Wert) zu behindern.

Wir greifen abschließend noch einmal die Frage nach dem »Wie« und das Thema der Ressourcen auf. Wir leben in schwierigen Zeiten – welche Ressourcen stehen überhaupt zur Verfügung?

Obwohl die EU keine Kompetenzen zur Unterstützung der Kultur innerhalb der Mitgliedstaaten hat, engagiert sie sich sehr wohl im Bereich der Kooperation zwischen diesen Staaten. Bestehende Einrichtungen pflegen bereits Kontakte zwischen internen und externen Beziehungen innerhalb der EU. Das (einzige) EU-Programm, das sich spezifisch mit dem kulturellen, kreativen und audiovisuellen Sektor befasst, ist »Creative Europe«, und das neue Programm von Creative Europe 2021-27 umfasst 2,24 Milliarden Euro.

Darüber hinaus jedoch sind viele Elemente des »Mehrjährigen Finanzrahmens« (MFR) der EU (wie der Strukturfonds) für kulturelle Organisationen zugänglich, die innerhalb der Parameter der Finanzierungsprogramme agieren. Das heißt, dass die EU das Potenzial hat, viele politische Wege zu gehen und Synergien weiterzuentwickeln und zu nutzen.

Natürlich gibt es Herausforderungen. Eine offene Frage betrifft die Erholung nach Covid. Während es den nationalen Wiederaufbauplänen der Mitgliedstaaten obliegt, ihre Kultursektoren zu unterstützen, verlangt das Europäische Parlament, dass zwei Prozent der Aufbau- und Resilienzfazilität (ein Teil von NGEU, siehe Gemeinsamer Entschließungsantrag 2020) der Kultur vorbehalten werden, und eine Studie des Ausschusses des Europäischen Parlaments für Kultur und Bildung verlangte drei Flaggschiff-Initiativen für die dauerhafte und nachhaltige Erholung des kulturellen und kreativen Sektors (Cultural and Creative Sectors 2021).

Es fragt sich warum die EU trotz aller Ressourcen und Mechanismen trotzdem keinen Platz in der Gemeinsamen Mitteilung der EU zu ihren externen Beziehungen von 2021 findet. Zu fragen bleibt auch, ob die EU angesichts ihrer Wende zur Geopolitik in ihren externen Beziehungen (vgl. dazu Higgot/Reich 2021) und den vielen dringenden internen und externen Themen (Zehn Themen 2021) sowie interner Differenzen (darunter Demokratiedefizite in einigen Mitgliedsstaaten) wirklich die politische und verwaltungstechnische Bandbreite und den Willen hat, diese Aufgabe anzugehen.

Die Ironie besteht darin, dass alle notwendigen Elemente vorhanden sind und dass sie zusammen mit der richtigen Führung sinnvoll und zielführend bei geringen Kosten dafür eingesetzt werden könnten, sowohl interne als auch externe Herausforderungen anzupacken. Wenn nicht jetzt, wann dann?

Aus dem Englischen von Greg Bond

Literatur

A New European Agenda for Culture (2018), https://ec.europa.eu/culture/document/new-european-agenda-culture-swd2018-267-final

British Council (2021), https://www.britishcouncil.org/sites/default/files/soft_power_and_cultural_relations_in_a_time_of_crisis.pdf.

British Council b (2021), noch nicht veröffentlicht

Council Conclusions on an EU Strategic Approach to International Cultural Relations and a Framework for Action (2019), https://op.europa.eu/en/publication-detail/-/publication/da766854-8907-11e9-9369-01aa75ed71a1/language-en/format-HTML/source-106512600; Entschließung des Rates der Europäischen Union und der im Rat vereinigten Vertreter der Regierungen der Mitgliedstaaten zur kulturellen Dimension der nachhaltigen Entwicklung (2019) https://eur-lex.europa.eu/legal-content/DE/TXT/PDF/?uri=OJ:C:2019:410:FULL&from=EN;

Cultural and Creative sectors in post-COVID-19 Europe: Crisis effects and policy recommendations (2021), https://www.europarl.europa.eu/RegData/etudes/STUD/2021/652242/IPOL_STU(2021)652242_EN.pdf

European Capitals of Culture: Impacts, Challenges and Prospects (2019), https://www.europarl.europa.eu/committees/de/european-capitals-of-culture-impacts-cha/product-details/20191205CHE06721;

Gemeinsamer Entschließungsantrag zur Erholung der Kultur in Europa (2020), https://www.europarl.europa.eu/doceo/document/RC-9-2020-0246_DE.html

Gemeinsame Mitteilung an das Europäische Parlament und den Rat. Künftige Strategie der EU für internationale Kulturbeziehungen (2016), das grundlegende Dokument, dass die Prinzipien und Werte in der Herangehensweise der EU in internationalen Kulturbeziehungen darlegt, https://eur-lex.europa.eu/legal-content/DE/TXT/PDF/?uri=CELEX:52016JC0029&from=EN

Higgott, Richard/Reich, Simon, Hedging by Default: The Limits of EU »Strategic Autonomy« in a Binary World Order's discussion of the EU's geopolitical challenges, https://www.lse.ac.uk.ideas/publications/reports/hedging-by-default

Joint Guidelines on the partnership between EUNIC, the EEAS and the European Commission (2019), https://www.eunicglobal.eu/news/published-joint-guidelines-on-the-partnership-between-eunic-the-eeas-and-the-european-commission.

Programm Kreatives Europa (2021 bis 2027). Legislative Entschließung des Europäischen Parlaments vom 28. März 2019 zu dem Vorschlag für eine Verordnung des Europäischen Parlaments und des Rates über das Programm Kreatives Europa (2021 bis 2027) und zur Aufhebung der Verordnung (EU) Nr. 1295/2013 (COM(2018)0366 – C8-0237/2018 – 2018/0190(COD))« (2019), https://eur-lex.europa.eu/legal-content/DE/TXT/PDF/?uri=CELEX:52019AP0323&from=EN.

Schlussfolgerungen des Rates zu einer Strategie der EU für die internationalen Kulturbeziehungen und einem Aktionsrahmen (2019), https://op.europa.eu/de/publication-detail/-/publication/da766854-8907-11e9-9369-01aa75ed71a1;

Zehn Themen, die 2021 im Fokus stehen werden, https://www.europarl.europa.eu/RegData/etudes/IDAN/2021/659436/EPRS_IDA(2021)659436_DE.pdf

Anmerkungen

1   EUNIC steht für »European National Institutes for Culture« und ist ein Netzwerk nationaler Kulturinstitute und Ministerien der Europäischen Union, das im Jahr 2006 von 19 Staaten gegründet wurde. Heute zählt EUNIC 36 Mitglieder, die gemeinsam Projekte im Bereich des interkulturellen Dialogs, der Sprachenvielfalt, der Kunst und der Zivilgesellschaft realisieren.

2   Gemeint ist das EUNIC Global Office. Informationen über seine Aufgaben und Tätigkeiten finden sich unter dem Link https://www.eunicglobal.eu/

Grenzen überschreiten in der heimischen Kulturpolitik – das Beispiel Finnland

Von Maria Hirvi-Ijäs und Sakarias Sokka

Die Kulturpolitik Finnlands hat ihre Wurzeln in den europäischen Konzepten von Bildung und Sittlichkeit aus dem 19. Jahrhundert. Die Politik ist damit grundsätzlich offen für grenzüberschreitende Einflüsse. In unserer bilingualen Nation schwankte diese Offenheit im letzten Jahrhundert aber immer wieder zwischen Angst und Begeisterung, als einerseits die Notwendigkeit erkannt wurde, eine solide nationale und kulturelle Identität zu schaffen, und andererseits gleichzeitig der Wunsch stark wurde, an internationalen Entwicklungen teilzuhaben.

In der Zeit des Nation-Building bis zur Gründung des Sozialstaats in den 1960er-Jahren war es das Bestreben der Kulturpolitik und der Zivilgesellschaft, den Zugang zu Bildung und Kultur zu erleichtern. Das führte zu einem nationalen Netzwerk von vielfältigen kulturellen Institutionen – Bibliotheken, Museen und Theatern. Das staatliche System von Zuschüssen, das eine rechtliche Basis für professionelle Kunst- und Kulturakteure schafft, ist international einzigartig.

Diese Entwicklung ist Teil einer größeren kulturellen und politischen Bewegung in den nordischen Ländern, die auf vielen Ebenen der Zivilgesellschaft Ähnlichkeiten aufweisen und sich deshalb im Rahmen der »Nordischen Zusammenarbeit«[1] zusammengeschlossen haben. Sie wurde 1954 gegründet und umfasst Programme für kulturelle Produktion, Mobilität und für die Entwicklung von Kulturpolitik. Durch vielfältige Kontakte und Verbindungen, kollegiale Beratung und konstruktive Partnerschaft sowie einer gemeinsamen Grundlage für internationale Zusammenarbeit hat sich das Projekt vielfach bewährt.

Gegenwärtige Entwicklungen im Bereich der Kulturpolitik müssen sowohl im Licht der Geschichte einer nationalen Kulturpolitik, als auch der globalen Auswirkungen des Klimawandels, der Migration und neuerdings auch der Covid-19-Pandemie betrachtet werden. Diese Themen machen Neubewertungen der kulturellen Parameter in der Geopolitik, der Integrationspolitik sowie der Nachhaltigkeit und den Anforderungen des Wirtschaftswachstums notwendig.

2015 hatte Finnland mit einer beispiellosen Anzahl von Asylsuchenden und Geflüchteten an den Grenzen des Landes zu tun. Das wirkte sich auf die Wahrnehmung der Kulturpolitik als sinnvolles und nützliches Instrument für einen gegenseitigen Integrationsprozess aus. Aus diesem Grund wurden Finanzierungsprogramme nicht nur für die kulturelle Integration von Neuankömmlingen, sondern auch für den Dialog und für ein besseres Verständnis für kulturelle Diversität in der gesamten Bevölkerung zur Verfügung gestellt. Die Kulturpolitik hat neue Instrumente gegen den Rassismus und für eine Integration in den Gemeinden und auf lokaler Ebene entwickelt.

Seitdem fordern globale Veränderungen die umfassende Neubewertung von neuen geopolitischen und geowirtschaftlichen Strukturen mit weiteren Folgen für die Kulturpolitik. Die politische Umsetzung von Zielen der nachhaltigen Entwicklung hat auch unsere Sicht auf das kulturelle Erbe und auf kulturelle Diversität verändert. Es gibt ein neues Interesse an der Region der Arktis, insbesondere an den Werten und Lebensbedingungen in der Kultur der indigenen Sami.

Die Ausbreitung der Covid-19-Pandemie in den letzten Monaten hat radikale Auswirkungen auf die Ökosysteme der kulturellen Produktion sowie auf die gesamte Zivilgesellschaft. Die Rufe nach schnellen Reaktionen von Behörden und der Politik ziehen neue Formen von Kooperationen zwischen dem privaten und dem öffentlichen Sektor nach sich, gerade mit den kulturellen Institutionen des »dritten« Sektors. Dies kann man im Sinne eines starken Verantwortungsbewusstseins und gemeinsamer Werte verstehen.

Da nationale Grenzen wieder an Bedeutung gewinnen, wird die Bereitschaft, neue Wege der Kommunikation, des Teilens und der Fürsorge zu suchen, umso existentieller. Die Digitalisierung des Bildungssystems und die Produktion wie Vermittlung von Kultur haben das Potenzial, neue Plattformen für gegenseitige Begegnungen und für das gleichzeitige Handeln sowohl als Bürger einer Nation, als auch einer größeren Welt zu schaffen.

Aus dem Englischen von Greg Bond

Anmerkungen

1 Die »Nordische Zusammenarbeit« wird von zwei Foren geleitet: dem Nordischen Rat und dem Nordischen Ministerrat, beide mit Sitz in Kopenhagen. Die Zusammenarbeit gründet auf einem gemeinsamen Kulturerbe, einer gemeinsamen Geschichte und gemeinsamen Wertvorstellungen im Hinblick auf Menschen, Demokratie und Gerechtigkeit.

Kultur sammeln, synthetisieren und übersetzen – das Beispiel Estland

Von Katrin Maiste

Der legendäre estnische Präsident Lennart Meri (1929-2006) sagte einmal: »Die Kultur ist wie Regen. Jeder Tropfen ist eine eigene Erfahrung in einem eigenen Moment. Dennoch sprechen wir vom Regen, ohne die Tropfen zu unterscheiden.«

Das Hauptziel des Estnischen Instituts ist die Förderung der estnischen Kultur im Ausland, und es ist immer auf der Suche nach neuen Projekten und Möglichkeiten. Die Arbeit der Kulturinstitute und Entwicklungszentren im 21. Jahrhundert sind durch enge Zusammenarbeit mit dem Staat, den Kunst- und Kulturschaffenden und dem Publikum geprägt.

In den späten 1980er-Jahren hatte Lennart Meri die Idee, internationale Kontakte zu fördern, indem Estländer ins Ausland entsendet wurden, wo sie studieren und Freundschaften knüpfen sollten. Diese Aktion sollte Estland nicht nur in der kulturellen Zusammenarbeit, sondern auch in anderen Bereichen unterstützen. Angeregt durch Kulturinstitute wie das Goethe-Institut und den British Council gründete Meri das Estnische Institut mit dem Zweck, Beziehungen in den Bereichen Kultur und Bildung zu knüpfen. 1994 wurde das Estnische Institut zu einer Non-Profit-Organisation erklärt. Bald danach öffneten Niederlassungen in Helsinki, Budapest, Stockholm und Paris.

In den 2000er-Jahren rief der estnische Staat ein Netzwerk von Kulturattachés an den Botschaften ins Leben, das sich heute über acht Städte erstreckt. Das Estnische Institut arbeitet weiterhin von Helsinki und Budapest aus.[1] Viele Jahre lang hatte das Institut den Schwerpunkt auf seine ausländischen Niederlassungen gelegt und war zuhause weitgehend unsichtbar geblieben, auch wenn es viel positives Feedback für die Arbeit im Ausland gab.

Während eines Meetings mit Studierenden der Estnischen Akademie der Künste fragte ich sie, ob sie sich an ausländische kulturelle Veranstaltungen, die in Estland stattfanden, erinnern konnten. Die meisten von ihnen nannten Festivals mit internationalen Künstlern. Einige konnten eine länderspezifische Veranstaltung nennen.

Heutzutage werden viele internationale Künstlerinnen und Künstler auf die Festivals eingeladen, damit das Publikum vielfältige Angebote bekommt und um Unterstützung von internationalen Kulturveranstaltern zu erhalten. Diese Art der Zusammenarbeit ist wichtig, und sie wird von EUNIC-Treffen flankiert.

Kultureinrichtungen sammeln, synthetisieren und vermitteln die Kultur ihres Landes und bieten Hilfe an, damit Künstler, Darsteller, Vertreter der Wirtschaft und Regierungsbeamte Beziehungen knüpfen können. Jetzt, wo es mehr kreative Zentren als je zuvor gibt, ist es dringend notwendig, eine Plattform für die Organisation von sektorübergreifenden Veranstaltungen und Informationen zu kulturspezifischen Themen sowie auch zu inländischen Angelegenheiten zu schaffen. Kulturinstitute müssen eine aktive Rolle in der Wirtschaft spielen, indem sie dabei behilflich sind, kulturelle Projekte in Ländern ohne ständige kulturelle Vertretung zu organisieren. Diese Kulturangebote können Veranstaltungen, die Vermittlung von Künstlern sowie Informationsmaterialien umfassen.

Im Herbst 2020 hat das Estnische Institut drei strategische Ziele festgelegt:

1. Projekte im Ausland,
2. Aktivitäten für estnische Gemeinden im Ausland mit dem Schwerpunkt Bildung,
3. Integrationsangebote für Ausländerinnen und Ausländer in Estland.

Wie können wir Ausländer vor Ort, Diaspora-Gemeinschaften und die Welt erreichen? Die Formel scheint einfach zu sein: indem wir ihnen so viele kulturelle Erfahrungen wie möglich bieten. In den letzten Jahren hat das Institut mit viel Erfolg Ausländer in Estland erreicht – sowohl persönlich als auch durch digitale Kurse.

Auftritt E-Estonia

Seit den 1990er-Jahren hat Estland riesige Schritte in der digitalen Welt gemacht. Esten verwenden ihren digitalen Personalausweis, um wählen zu gehen, sie geben ihre Steuererklärungen digital ab, sie machen ihre Bankgeschäfte online und vieles mehr. Der digitale Fortschritt ist eine große Stärke Estlands. Wie wurden digitale Medien eingesetzt, um die estnische Kultur zu verbreiten?

In Estland wurde das Jahr 2020 zum Jahr der digitalen Kultur erklärt. Bei der Ankündigung ahnte noch niemand, dass dadurch ein Großteil der Kultur quasi über Nacht in digitale Formate umgewandelt werden musste. Die meisten digitalen Materialien, über die Estland verfügt, stammen aus dem Bereich Tourismus, aber wie sollen wir die estnische Kultur digital im Ausland zeigen? Wie müssen digitale Kanäle beschaffen sein, wenn sie die Aufmerksamkeit der Menschen – im oder nach einem Lockdown – gewinnen wollen? Dies ist sicherlich nicht die Zeit für Videos, die Touristen anlocken sollen, sondern für andere digitale Inhalte.

Kulturinstitute sollen nach außen gerichtete digitale Container-Werkzeuge sein, frei abrufbar für Kulturveranstalter und Medienexperten. Estland ist dabei, eine frei verfügbare und nachhaltige Plattform für digitale Kultur zu entwickeln. Diese Plattform darf ihre Nutzerinnen und Nutzer weder unter- noch überschätzen. Materialien müssen übersetzt werden und gleichzeitig in ihrer Herkunftssprache verfügbar sein, damit Sprachenvielfalt gewährleistet ist. Filme, Bilder und Übersetzungen sind vorhanden und müssen die Menschen auf den Kanälen erreichen, die sie bei sich zuhause verwenden. Wie können wir diese Kanäle im Vereinigten Königreich, in Deutschland, Ungarn oder Russland identifizieren und erreichen? Dies ist die Aufgabe der Kulturmittler, die die Kommunikationsnetzwerke ihrer Länder kennen. Momentan warten wir noch auf die neue digitale Revolution, die neue Plattformen oder Kanäle schaffen wird, um Kulturveranstaltungen in die Wohnzimmer der Leute zu bringen – auch für den Fall, dass sie diese Wohnzimmer so bald nicht verlassen können. Oder reichen Youtube und Netflix etwa aus? Die Antwort darauf werden wir wahrscheinlich in einigen Jahren kennen.

Aus dem Englischen von Greg Bond

Anmerkungen
1   Früher gab es zudem Filialen in Stockholm (1999–2011) und Paris (2001–2009). Das Hauptbüro befindet sich in Tallinn.

Einfluss nehmen in einem kleinen Land – das Beispiel Dänemark

Von Camilla Mordhorst

Dänemark ist ein kleines Land. Wenn wir Einfluss auf die Welt um uns herum nehmen wollen, müssen wir mit ihr zusammenarbeiten. Auf globaler Ebene kooperieren wir häufig mit anderen nordischen und europäischen Partnern. Im Innern haben wir eine starke Tradition der Zusammenarbeit mit verschiedenen Behörden, NGOs und anderen selbstverwalteten Institutionen. Das gilt auch für das kulturelle Leben in Dänemark, da die Mehrheit der Protagonisten selbstverwaltete Institutionen sind, die ihre eigenen Ziele verfolgen und dennoch finanzielle Unterstützung vom Kultusministerium erhalten. Diese Form der Organisation wird im dänischen Kontext häufig als das »Arm's length-Prinzip« bezeichnet. Es soll gewährleisten, dass professionelle Expertise und nicht politische Macht die finanziellen Mittel verwaltet, da die Politik ja immer wieder kurzfristige und schnelllebige Interessen an kulturellen Projekten hat, je nachdem, welche politischen Positionen sie gerade verfolgt. Die Zusammenarbeit des Dänischen Kulturinstituts mit dem Kultusministerium erfolgt auf der Grundlage genau dieses Abstandsprinzips. Mit unserem eigenen Vorstand und unseren eigenen Vertretern behalten wir die volle Autorität über unsere Arbeit und zugleich sind wir in Fragen der Strategie und der Prioritäten im ständigen Dialog mit dem Ministerium.

Internationale Kulturpolitik in Dänemark umfasst vier Handlungsfelder: die Verbreitung und Vermittlung dänischer Kultur im Ausland, die Erneuerung der dänischen Kunst und Kultur, »Nation Branding« und die Förderung und Unterstützung eines interkulturellen Dialogs. Um diese vier Bereiche zu koordinieren, haben sich das Kultusministerium, das Außenministerium und das Wirtschaftsministerium zusammengetan. Ihre Kooperation wird von einem Forum namens »Internationales Kulturpanel« (ICP) koordiniert, dessen Mitglieder aus politisch gewählten Vertreterinnen und Vertretern der unterschiedlichen Institutionen bestehen, darunter auch das Dänische Kulturinstitut.

Seit seiner Gründung vor acht Jahren hat sich das ICP mit der Koordination von gemeinsamen Handlungsfeldern beschäftigt. Die

Förderung von Zielen wie Diversität, Gleichstellung, Bürgerbeteiligung und nachhaltige Entwicklung (als Priorität im Rahmen der Ziele der Vereinten Nationen im Bereich nachhaltiger Entwicklung) wird in der Arbeit dieses Gremiums zunehmend zentraler. Unsere Arbeit am Dänischen Kulturinstitut unterstützt diese Schwerpunkte. Zurzeit führen wir das EU-Projekt »Urban Cultural Planning« durch, in dem wir mit 14 Partnern aus neun Ländern zusammenarbeiten, um Kunst und Kreativität dafür zu nutzen, die Lebensqualität in sozial schwachen und benachteiligten Wohngebieten im ganzen Ostseeraum zu verbessern.

In jüngster Zeit hat diese Agenda zu einer intensiveren Zusammenarbeit zwischen dem Außenministerium und dem Dänischen Kulturinstitut geführt. Das Institut hat finanzielle Mittel für die Gründung eines Ukrainisch-Dänischen Jugendhauses erhalten. Mit seinem Standort in Kiew, der ukrainischen Hauptstadt, soll dieses kollaborative Projekt die Chancen junger Menschen fördern, ihre Zukunft besser zu gestalten. Zu den Aktivitäten des Jugendhauses gehören Theaterspiel und andere Formen kreativer Arbeit.

Die gemeinsamen Interessen des dänischen Kultusministeriums und des Außenministeriums machen es uns am Dänischen Kulturinstitut leichter, internationale Kulturpolitik umzusetzen, da wir zunehmende Unterstützung für unsere Arbeit erhalten und weil uns mehr Verständnis für unsere Funktion als internationales Kulturinstitut entgegengebracht wird. Unsere Unabhängigkeit bietet uns Freiräume für kreative Arbeit und sorgt dafür, dass wir unabhängig von politischen Interessen bleiben. Gleichzeitig ermöglicht unsere Kooperation mit den Botschaften und anderen ausländischen Kulturinstitutionen auf der ganzen Welt die Weiterentwicklung unserer Projekte. So erreichen wir ein breiteres Publikum, was unsere Arbeit und unsere Bemühungen um den interkulturellen Dialog stärkt.

Aus dem Englischen von Greg Bond

Das Instituto Cervantes: Weltoffene Kulturdiplomatie

Von Rafael Soriano Ortiz

In Zeiten, in denen von Soft oder Hard Power, Green oder Digital Diplomacy die Rede ist, scheint das Konzept der Cultural Diplomacy eine noch breitere Bedeutung als je zuvor zu gewinnen. Es geht nicht nur um das Bild eines Landes im Ausland, sondern darum, internationale Kulturbeziehungen in Chancen für Dialog, Austausch und Zusammenarbeit umzuwandeln.

Wir können jetzt schon einige vorläufige Schlussfolgerungen aus der Umstellung auf digitale Angebote im Zuge der Corona-Pandemie ziehen. Es ist notwendig, die digitalen Kompetenzen von Lehrenden und Mitarbeiterinnen und Mitarbeitern zu verbessern. Während der letzten Monate sind Programme entwickelt worden, um die digitalen Kompetenzen von Lehrenden im Bereich Spanisch als Fremdsprache zu steigern. Nichtsdestotrotz betonen wir immer wieder, dass das Instituto Cervantes zwar Spanisch unterrichtet, aber dennoch eigentlich keine Sprachschule ist. Unsere Aufgabe ist die Kulturdiplomatie. Unser Engagement für die Digitalisierung muss deshalb weiterhin durch unsere Arbeit vor Ort begleitet werden. Sowohl in unserer akademischen Arbeit als auch insbesondere in unseren kulturellen Aktivitäten leistet die Vor-Ort-Arbeit unseres Netzwerks an Kulturzentren einen wichtigen Beitrag für Koproduktion, kulturelle Zusammenarbeit und die Förderung von partizipativem Dialog.

Die spanische Sprache besteht nicht nur aus einer Grammatik und einem Wörterbuch, sondern ist als »Instrument der demokratischen Verführung eine Brücke für den Dialog und die Förderung von Werten«. In einer unserer jüngsten Kampagnen haben wir eine Zeile des Autors Joan Margarit verwendet, die diese Denkweise veranschaulicht: »Die Freiheit ist eine Bibliothek«. Wir möchten, dass die Aktivitäten des Instituto Cervantes die Gelegenheit bieten, uns für demokratische Werte, Geschlechterchancengleichheit oder unsere Umwelt einzusetzen. Wir möchten Sprachen und kulturelle Diversität so fördern, dass sie als etwas, was uns eint, und nicht als etwas Trennendes gesehen werden.

Es ist uns und anderen Institutionen der spanischsprachigen Welt während der Monate des Lockdowns gelungen, ein neues Netzwerk der Cultural Diplomacy ins Leben zu rufen – das CANOA-Netzwerk. Das Ziel von CANOA ist die Entwicklung von gemeinsamen Aktivitäten, die die Internationalisierung der spanischsprachigen Kultur in nichtspanischsprachigen Ländern fördern. Die momentane Krise darf uns nicht dazu verführen, unsere Gesellschaften abzuschotten. Im Gegenteil, wir müssen die Chance ergreifen, den interkulturellen Dialog zu stärken und uns zu mehr internationaler Zusammenarbeit bekennen. Zu den Prioritäten, die sich das Cervantes-Institut für die nächsten Jahre gesetzt hat, gehört es, die Rahmenbedingungen für Kooperationen mit vergleichbaren Institutionen in anderen Ländern zu schaffen. Nur so können wir die Vorteile der internationalen Mobilität, des Erfahrungsaustausches und der Koordination unserer Strategien nutzen. Wir leben in schwierigen Zeiten voll Unsicherheiten, aber auch voller Chancen, die wir ergreifen können.

Wir sind überzeugte Befürworter eines öffentlichen Engagements für den kulturellen Sektor, da die Kultur ein wesentlicher Bestandteil der Anstrengungen sein muss, die uns helfen, uns von den verheerenden Folgen dieser schweren Zeit zu erholen. Die Kultur und kulturellen Rechte müssen ein Teil unserer Handlungen und Strategien sein, sowohl auf nationaler als auch auf europäischer Ebene.

Wir hoffen, dass wir 2021 anlässlich des 30-jährigen Bestehens des Instituto Cervantes in der Lage sein werden, den Sieg über Covid-19 zu feiern, wie die ganze Menschheit sich das so sehnsüchtig wünscht.

Aus dem Englischen von Greg Bond

Offen für kreative Kollaboration – das Beispiel Litauen

Von Aušrinė Žilinskienė

Die Größe ist nicht entscheidend

Vor 30 Jahren hat Litauen, dieses kleine und in der Welt weitgehend unbekannte Land, das von den Wendungen der Geschichte so gebeutelt und gegen seinen Willen ein Teil der Sowjetunion wurde, die ganze Welt überrascht. In nur wenigen Jahren und dank vieler Menschenketten aus Personen, die sich an den Händen hielten und sangen, war es nicht nur in der Lage, den scheinbar unbeweglichen Monolith Sowjetunion abzuschütteln, sondern ihn sogar zu zerstören. In den nun 30 Jahren Unabhängigkeit hat Litauen Unglaubliches geschafft. Wie im Zeitraffer wurde aus dem Zerfall der kommunistischen Planwirtschaft das Chaos einer wilden Phase des Kapitalismus, die sich später in Fortschritt und eine offene Wirtschaft der Möglichkeiten verwandelte. Die Menschen, die heute in Litauen leben und arbeiten, haben ungeheure Veränderungen durchlebt. Sie haben viel gelernt und sich ein neues Leben in ihrem Land gestaltet, indem sie ihr Denken, ihre Gewohnheiten, ihre Arbeitsweisen und nicht selten auch ihre Werte und Prinzipien grundlegend reflektierten und erneuerten. Heute sind wir ein progressives Land, offen für die Zusammenarbeit mit der Welt.

Die Veränderungen haben auch Künstlerinnen und Künstler inspiriert. Heute arbeitet eine neue Künstlergeneration in Litauen, die in Freiheit mündig wurde, in der internationalen Szene aktiv ist und an globalen Entwicklungen teilhat. Die Prozesse weltweit, die wir einst nur beobachteten, gestalten wir nun mit. Die Anerkennung und der Erfolg von litauischen Kunstschaffenden inspirieren nun andere auf ihrem eigenen Weg. Es gab einen Goldenen Löwen bei der Kunst-Biennale Venedig für *Sun & Sea (Marina)* von Rugilė Barzdžiukaitė, Vaiva Grainytė und Lina Lapelytė. Die beste Opernsolistin der Welt, Asmik Grigorian, die weltbeste Dirigentin, Mirga Gražinytė-Tyla – sie kommen aus Litauen.

Aus Nachteilen Vorteile machen

Da Litauen so klein ist, müssen wir auch größere Märkte und weitere Möglichkeiten außerhalb seiner Grenzen suchen. Viele Kunst- und Kulturschaffende haben sich dazu entschieden, die Komfortzone des eigenen Landes zu verlassen, um woanders aktiv nach Partnern für ihre kreativen Projekte zu suchen. Gleichzeitig wird unser kleiner Markt im Inneren zu einer treibenden Kraft für internationale kreative Projekte, Koproduktionen und Partnerschaften, die viele Anregungen für innovative Ideen und Perspektiven bietet. Von Fluxus bis zur Neuen Oper – litauische Künstlerinnen und Künstler schaffen unkonventionelle künstlerische Ausdrucksformen.

Die Geschichte und das Erinnern werden zu einem wichtigen und faszinierenden Stoff für die künstlerische Reflexion. In ihren Arbeiten thematisieren litauische Künstlerinnen und Künstler die Geschichte des 20. Jahrhunderts mit den Besatzungen, dem Widerstand, den Verbannungen und dem Holocaust, Erfahrungen, die in den Geschichten der Großeltern, dem Alltag der Eltern und gelegentlich auch in ihrem eigenen Leben als ehemalige Sowjetbürger weiterleben. Die sowjetische und die postsowjetische Erfahrung sind eine ganz besondere Komponente in der kreativen Produktion von litauischen Kunstschaffenden.

Offen für Kooperationen

Die Persönlichkeiten der Kunstschaffenden selbst sind der Antrieb der litauischen Kultur. Es ist bedauerlich, dass die Politik der Kultur keine Priorität einräumt und nur wenige finanzielle Mittel zur Verfügung stellt. Und doch stellen aktive Kulturorganisationen ein professionelles Kulturmanagement auf die Beine, und ehrgeizige Künstlerinnen und Künstler liefern Werke von hoher Qualität, die nicht nur für das litauische Publikum von Interesse sind, sondern auch an vielen Orten der Welt mit Spannung erwartet werden.

Im letzten Jahrzehnt gab es wichtige Veränderungen im Kulturbereich in Litauen. 2012 wurde das Litauische Filmzentrum gegründet und so der Filmsektor gestärkt. Zurzeit zählt Litauen zu den attraktivsten Kulissen für Filmproduktionen, und die BBC, Netflix und andere internationale Unternehmen haben Serien und Filme hier gedreht (*Chernobyl*, *Stranger Things*, *War and Peace* usw.). Der Litauische Kulturrat, 2013 gegründet, war ein Durchbruch für das kulturelle Ökosystem in Litauen.

Die Gründung des Rates führte zur Selbstverwaltung des kulturellen Sektors und des Kulturmanagements. Das Litauische Kulturinstitut, das 2014 erneuert wurde, fördert zusammen mit einem Netzwerk von zwölf Kulturattachés die internationalen Beziehungen Litauens im Kulturbereich. Das Litauische Kulturinstitut unterstützt litauische Kulturschaffende und -organisationen und fördert nachhaltige Partnerschaften mit Gleichgesinnten im Ausland. Litauen ist ein Start-Up, das für kreative Kollaborationen bereit ist.

Aus dem Englischen von Greg Bond

Die Museumsarbeit als Synergiefeld zwischen Innen- und Außenkulturpolitik

Von Eckart Köhne

Museen in Deutschland besitzen eine hohe Glaubwürdigkeit. Umfragen bestätigen dies immer wieder. Die auch von der Politik oft betonte Freiheit von Wissenschaft und Kunst ermöglicht ihnen einen objektiven und unabhängigen Blick, der in der Gesellschaft positiv wahrgenommen wird. Der Erhalt und die Pflege der Sammlungen, die oftmals über viele Generationen hinweg geleistet wurden, tragen ebenfalls zur Glaubwürdigkeit der Museen bei. Sie haben die dramatischsten gesellschaftlichen und politischen Umbrüche überdauert und werden auch deswegen als überparteilich wahrgenommen.

Die Museumsarbeit bietet also grundsätzlich beste Voraussetzungen für die Vernetzung von Innen- und Außenkulturpolitik. Museen sind hervorragende Botschafter unseres Landes nach innen und außen. Sie bewahren das bewegliche Erbe aus Kulturgeschichte, Kunst, Technikgeschichte und Natur. Davon ausgehend sind sie in der Lage, die Gegenwart zu hinterfragen und gemeinsam mit ihren Ursprüngen und Entwicklungen zu reflektieren. Darüber hinaus haben sie eine wichtige Funktion als gesellschaftliche Orte, an denen Bürgerinnen und Bürger mit Wissenschaft in Kontakt kommen. International sind deutsche Museen Botschafter einer demokratisch verfassten Gesellschaft, die auf universalen Werten aufbaut. Sie stehen in Kontakt mit musealen und wissenschaftlichen Partnern auf allen Kontinenten, sei es in einzelnen, befristeten Projekten oder in langjährigen internationalen Partnerschaften, die viele Museen aufgebaut haben.

Eine systematische und übergreifende deutsche Museumspolitik hat es allerdings in Deutschland lange nicht gegeben. Die Unabhängigkeit der Museen geht letztlich auf die Erfahrungen aus der Zeit des sogenannten »Dritten Reiches« zurück. Damals versuchte man, Geschichte, Kultur und Kunst mit dem als vorbildhaft propagierten nationalsozialistischen Weltbild gleichzuschalten. Gerade die Museen sollten dabei eine erzieherische Rolle wahrnehmen, indem sie als entartet geltende Kunst an den Pranger stellen und aus ihren Sammlungen ausschließen sollten, aber auch, indem sie Geschichte und Kulturgeschichte im Sinne des Regimes umzudeuten hatten. Es ist bis heute beschämend, dass die Museen dabei willige Helfer waren.

In der Bundesrepublik Deutschland erneuerte und pflegte man die reiche Kulturlandschaft, zu der mittlerweile mehr als 6.700 Museen gehören. Dabei blieb die überwiegende Mehrheit der professionell mit hauptamtlichem Personal geführten Häuser in öffentlicher Trägerschaft bei Kommunen, Bundesländern und dem Bund. In der politischen Führung der Museen setzte man oft auf einen überparteilichen Konsens. Mit Verweis auf die Wissenschafts- und Kunstfreiheit galt das Ziel, möglichst gute Rahmenbedingungen herzustellen, aber die konzeptionelle und inhaltliche Freiheit der Museen zu akzeptieren. Eine politische Einflussnahme auf die Inhalte der Museumsarbeit mag es in einzelnen Fällen gegeben haben, in der Gesamtschau konnten die Institutionen aber frei arbeiten und sich ihre Ziele weitgehend selbst setzen. Dem entspricht der fast vollständige politische Verzicht auf eine Gesetzgebung für Museen, anders als etwa für die Denkmalpflege. Grundlage für diesen Konsens war letztlich ein Bürgertum, das Museen als Orte von Bildung und Erbauung zum Kanon der grundlegenden gesellschaftlichen Institutionen zählte.

Heute stellt sich die Situation anders dar. Mit dem Wandel der Gesellschaft hat sich auch ihr Kulturbegriff verändert. Einen überparteilichen Konsens in Fragen der Kultur gibt es kaum mehr. Museen als Institutionen werden oft nicht mehr an ihren langfristigen Aufgaben wie Sammlungserhalt und Forschung gemessen, sondern an ihrer Bedeutung als Standortfaktoren für Tourismus und Stadtentwicklung. Der fehlende gesetzliche Auftrag, der für die Museen früher Freiheit und Gestaltungsspielräume brachte, führt heute vielfach zu Vernachlässigung und Substanzverlust. Ihr Forschungs- und Bildungsauftrag spielt bei politischen Entscheidungen oft keine Rolle mehr. Stattdessen wird zuerst über Kosten geredet, auch wenn jedem klar sein muss, dass Sparen an der Kultur keinen Haushalt sanieren kann. Museen und Kultur sind immer wieder Opfer einer Symbolpolitik, die die grundlegenden Probleme nicht angehen kann oder mag. Die aktuelle Corona-Politik ist ein gutes Beispiel dafür.

Es ist ein gutes Zeichen, dass in der aktuellen Krise einer globalen Pandemie neu über die Bedeutung von Kultur für die gesellschaftliche Entwicklung diskutiert wird. Gerade die Rolle der Museen spielt dabei eine wichtige Rolle. Es ist wichtig, ihren Bildungsauftrag zu schärfen und wieder stärker in den Vordergrund zu rücken. Darüber hinaus haben sie als »Dritte Orte« in den sich verändernden urbanen Kontexten großes Potenzial. Dabei ist immer im Blick zu behalten, dass die einzelnen Museen ihrer fachlichen Ausrichtung, Größe und Trägerschaft nach sowie unter wirtschaftlichen Gesichtspunkten höchst individuelle Institutionen sind.

Der Umgang mit während der NS-Zeit verfolgungsbedingt entzogenem Eigentum gehört zu den wenigen Bereichen, in denen durch politische Entscheidungen eine einheitliche Haltung und übergeordnete Strukturen für Museen herbeigeführt worden sind. Die mittlerweile mehr als 20 Jahre alte »Washingtoner Erklärung« hat allerdings keine Gesetzeskraft, sondern schafft lediglich Rahmenbedingungen und gibt Handlungsempfehlungen, die von den Museen in öffentlich-rechtlicher Trägerschaft in einem breiten Konsens umgesetzt werden.

In den letzten Jahren hat der Umgang mit dem kolonialen Erbe die museumspolitischen Diskussionen geprägt. Auslöser war eine Rede des französischen Staatspräsidenten Emmanuel Macron im Januar 2018, mit der er eine Rückführung der kolonialen Sammlungsbestände in den französischen Museen nach Afrika ankündigte. Unmittelbar darauf wurden in den Medien entsprechende Forderungen auch für Deutschland gestellt, die hier ungleich größere Wirkung entfalteten als in Frankreich selbst. Nur zwei Jahre später hatten sich Bund, Länder und kommunale Spitzenverbände auf einen politisch abgestimmten Umgang mit dem kolonialen Erbe verständigt, der von den Museumsverbänden mitgetragen wurde. Neue Strukturen entstanden. Die Provenienzforschung am kolonialen Erbe wurde am Deutschen Zentrum Kulturgutverluste verankert, und eine von Bund, Ländern und kommunalen Spitzenverbänden getragene Kontaktstelle für Sammlungsgut aus kolonialen Kontexten in Deutschland, die sich unmittelbar an die betroffenen Herkunftsstaaten und Herkunftsgesellschaften richtet, wurde an der Kulturstiftung der Länder eingerichtet. In den kommenden Jahren sollen die Sammlungen weiter erschlossen und im Sinne breiter Transparenz über Online-Portale zugänglich gemacht werden. Eine grundsätzliche Bereitschaft zur Restitution wurde erklärt. Damit hat Deutschland weit konkreter als Frankreich und alle anderen europäischen Länder mit der Aufarbeitung seines kolonialen Erbes begonnen. Es bleibt zu hoffen, dass dabei künftig der Dialog mit den Herkunftsländern und den dortigen Communities intensiviert wird. Nicht die Befindlichkeiten in Deutschland, sondern die Wünsche, Hoffnungen und Forderungen in den Ländern Afrikas, Asiens und Lateinamerikas sollten dabei ausschlaggebend sein.

Es ist ermutigend, dass den Museen politisch eine aktive Rolle für die Gestaltung des globalen Miteinanders zugewiesen wurde. Es sollte das Ziel sein, die Potenziale der Museen in der Aufarbeitung der kolonialen Vergangenheit unseres Kontinentes dazu zu nutzen, die Gegenwart und Zukunft im Austausch mit den betroffenen Ländern fair und gerecht zu gestalten. Dies wird nur gelingen, wenn angesichts globaler Herausforderungen wie Klimaschutz, Armut und Hunger oder Bildungsgerechtigkeit für die aktuelle Politik dieselben moralischen Grundsätze angelegt werden, wie sie für die Aufarbeitung des kolonialen Erbes gelten.

Den Beitrag der Museen zu einem besseren globalen Miteinander haben die Mitgliedstaaten der UNESCO vor wenigen Jahren in ihrer »Recommendation on the Protection and Promotion of Museums and Collections, their Diversity and their Role in Society« neu beschrieben. Dieses leider in Deutschland wenig rezipierte Dokument vereinbart eine Reihe globaler Leitlinien für den Schutz und die Förderung von Museen und Sammlungen, die zum Eckpfeiler der internationalen Museumspolitik werden sollen. Die Annahme dieser Empfehlung im Jahr 2015 spiegelt das starke Engagement der internationalen Gemeinschaft wider, um Museen bei der Erfüllung ihrer Rolle in der heutigen Gesellschaft zu unterstützen, damit eine nachhaltige Entwicklung und ein interkultureller Dialog gefördert werden.

Museen zählen zu den wichtigsten Institutionen zur Erhaltung des gemeinsamen Kultur- und Naturerbes. Sie sind aber nicht nur Orte, an denen dieses Erbe bewahrt wird. Sie sind Schlüsselräume für Bildung, Inspiration und Dialog und spielen eine wesentliche Rolle für den sozialen Zusammenhalt sowie ein verbindendes Wertesystem. Museen nehmen die Gesellschaft in den Blick, ermöglichen ihren Nutzerinnen und Nutzern eine multiperspektivische Sicht auf die Welt und fördern Wissen, Kreativität, Vorstellungskraft und Respekt. Als unternehmerische Akteure in den Bereichen Kulturvermittlung, Architektur, Stadtplanung und Tourismus prägen sie das Leben in den großen Städten mit, sie haben aber auch eine wichtige Funktion als nicht-kommerzielle, dem Gemeinwohl verpflichtete Ankerpunkte in den Regionen. Die Empfehlung der UNESCO bietet allen Museen, aber auch den politischen Akteuren einen Rahmen, um sich den aktuellen Herausforderungen zu stellen und das volle Potenzial von Museen als Kristallisationspunkte bürgerschaftlicher Identität und überregionaler Vernetzung auszuschöpfen.

Kulturpolitik in den Vereinigten Arabischen Emiraten – das Lokale, Nationale und Internationale verbinden

Von Mohamed Al Mubarak

Ein Land wird nicht an der Größe seines Territoriums auf einer Landkarte gemessen. Der wahre Maßstab ist sein Erbe und seine Kultur.
(Sheikh Zayed bin Sultan Al Nahyan, Gründungsvater der Vereinigten Arabischen Emirate)

Die Geschichte der VAE, der Golfstaaten und der arabischen Welt insgesamt basiert auf einer weiten Definition von Nation, die eine Offenheit gegenüber der Welt bei gleichzeitig tiefer Verwurzelung in der eigenen Kultur umfasst. Es ist von entscheidender Bedeutung, das Lokale und Regionale zunächst an das Nationale und dann in einem zweiten Schritt an die internationale Kulturpolitik und die Netzwerke der Wissensproduktion anzubinden, wenn wir uns den heutigen globalen Herausforderungen stellen wollen. Diese Sichtweise, in der Kulturpolitik und kulturelle Entwicklung im Lokalen und im Regionalen verortet werden, wird durch mehrere wichtige Verträge und Agenden der Vereinten Nationen gestützt. Die UNESCO-Konvention zum Schutz und zur Förderung der Vielfalt kultureller Ausdrucksformen von 2005 erkennt die grundlegende Rolle der Zivilgesellschaft beim Schutz und bei der Förderung der Vielfalt kultureller Ausdrucksformen an. Die Agenda 2030 zur nachhaltigen Entwicklung der Vereinten Nationen erkennt die integrative Rolle der Kultur an und weist insbesondere auf die Notwendigkeit hin, nachhaltige Städte dadurch zu schaffen, dass die kulturellen und natürlichen Kulturerbestätten der Welt besser geschützt werden. Die besondere Kulturpolitik der Vereinigten Arabischen Emirate basiert auf unseren Menschen und ihren Erfahrungen im gesellschaftlichen Zusammenleben seit der Antike. Für uns bedeutet Kultur eine Gesellschaft auf der Basis von Toleranz. Sie bedeutet auch globale Verantwortung und Empathie, so dass die VAE in der Lage sind, eine integrierte Gemeinschaft aufzubauen und mit anderen Staaten bei der Bewältigung der politischen, wirtschaftlichen und sozialen Herausforderungen zusammenzuarbeiten. Erst die zentrale Bedeutung der Kultur erlaubt es den Menschen eines Landes, ein sinnvolles und friedliches Leben miteinander zu führen. Die weisen Traditionen der Vergangenheit und die sich immer weiterentwickelnden kulturellen Ausdrucksformen der Gegenwart werden zu einem reichen Gut, das alle genießen und nutzen können.

Die Leitlinien der Kulturpolitik der VAE – Von der Vision zur Realität

Im Jahr 1971 vereinigte Sheikh Zayed bin Sultan Al Nahyan (1918-2004), Gründungsvater der VAE, die sieben Küstenemirate und schuf damit die Vereinigten Arabischen Emirate als kulturellen Knotenpunkt inmitten einer sich verändernden Welt. Für eine seiner frühen Auslandsreisen hatte Sheikh Zayed eine ungewöhnliche Bitte, nämlich dass die Delegation aus Abu Dhabi von einer Gruppe traditioneller Künstler begleitet würde, so dass das immaterielle Erbe des Landes vertreten wäre. Die Kultur sollte eine Verbindung zwischen der Welt und dem zur damaligen Zeit eher unbekannten Emirat schaffen.

Der Vision von Sheikh Zayed bin Sultan Al Nahyan folgend wurde im Jahr 2005 das Nationale Arbeitsprogramm gegründet. Fünf Jahre später folgte die Ankündigung der Vision 2021 der VAE. Diese Vision sah vor, dass die VAE bis 2021, also dem 50. Jahrestag der Gründung, zu einer in zahlreichen Bereichen führenden Nation aufsteigen würden. Ihre erste Säule lautet »Vereint in Verantwortung«. Sie verfolgt das Ziel, »eine ehrgeizige und selbstbewusste Nation auf der Grundlage ihres Erbes« zu schaffen. Um die Vision 2021 in die Tat umzusetzen, wurde ein nationaler Maßnahmenplan für die Bereiche Bildung, Gesundheit, Wirtschaft, Sicherheit, Infrastruktur und Dienstleistungen ins Leben gerufen. Die zweite Säule dieser nationalen Agenda ist der Zusammenhalt in der Gesellschaft und die Beibehaltung der eigenen Identität, wobei der Index des sozialen Zusammenhalts durch Kultur, Bildung und andere Faktoren bemessen wird. Der Index der nationalen Identität misst das Gefühl der Zugehörigkeit und der nationalen Identität von unseren Bürgerinnen und Bürgern. Diese beiden Indikatoren dienen der Förderung einer »inklusiven Umwelt, die alle Segmente der Gesellschaft integriert, die einzigartige Kultur und das Erbe und die Traditionen der VAE schützt und den Zusammenhalt in der Gesellschaft und in Familien stärkt.«

Als erster Präsident der Vereinten Arabischen Emirate (1971 bis 2004) gründete Sheikh Zayed eine Kulturstiftung – als Baustein für die junge Nation mit dem Ziel, das Kulturerbe der Emirate für künftige Generationen zu sichern. Der Plan für diese Kulturstiftung wurde in der ersten Rechtsordnung des Landes im Jahr 1971 festgeschrieben. Die Kulturstiftung war die erste zentrale Einrichtung, die kulturelle Aktivitäten in den Vereinigten Arabischen Emiraten förderte, und sie wurde in der gesamten Region und im Ausland für die Vielfalt ihrer kulturellen Aktivitäten von Literatur bis hin zu bildenden und darstellenden Künsten geschätzt. Das Gebäude der Stiftung ist heute ein Wahrzeichen unseres modernen Kulturerbes und eine unverzichtbare kulturelle Ressource.

Sheikh Zayed war für seine Liebe zur Poesie bekannt. Der Vater unserer Nation schrieb in seinen eigenen Gedichten über viele Themen, die unsere Kultur, unsere Gesellschaft, unsere Werte und unser Land betreffen. Heute tritt die Führung der VAE in seine Fußstapfen, indem sie poetische Stimmen und Ausdrucksformen im ganzen Land unterstützt. Die humanitären Überzeugungen von Sheikh Zayed inspirieren die heutige Politik der VAE, in der die Kultur ein wesentlicher Bestandteil der nationalen Identität und eine wichtige Komponente in unserer Diplomatie ist, basierend auf den Werten Innovation und Inklusion.

Jenseits von Grenzen und quer durch die Kulturen

Die Kulturpolitik der Vereinigten Arabischen Emirate sucht den Kontakt zur Welt, indem sie Dialoge über Grenzen hinweg und quer durch die Kulturen initiiert und die gemeinsamen Erzählungen der Menschheit beleuchtet. Diese Politik fußt auf Strategien und Initiativen, die an die besten internationalen Ideen und Praktiken anknüpfen. Diese Standards und Normen müssen jedoch immer wieder durch das Prisma von heterogenen sozialen, wirtschaftlichen und kulturellen Zusammenhängen und Wirklichkeiten interpretiert werden.

Nirgendwo ist das Resultat einer solch produktiven Auseinandersetzung sichtbarer als im Louvre Abu Dhabi, der als »universelles Museum in der arabischen Welt« konzipiert wurde. Die Partnerschaft mit Frankreich verbindet die Vision des kulturellen Fortschritts und der Offenheit der Vereinigten Arabischen Emirate mit der französischen Expertise im Bereich Kunst und Museen. Sie erkundet gemeinsame Themen, die für die Verbundenheit von Menschen quer durch Zeit und Raum stehen, von den Grundbedürfnissen der prähistorischen Menschen bis zu den Lebensnotwendigkeiten der Moderne. Der Louvre Abu Dhabi ist außerdem ein Pfeiler der Kulturdiplomatie der Vereinigten Arabischen Emirate. Er ist Sinnbild für Soft Power, eine Art »sanfte Macht«, die den Austausch von Ideen, Informationen, von Kunst, Sprache und anderen Aspekten der Kultur einsetzt, um gegenseitiges Verständnis zwischen Individuen und Nationen zu fördern.

Die Kulturpolitik der Vereinigten Arabischen Emirate sucht nach Verbindungen zwischen dem Lokalen, dem Nationalen und dem Internationalen und zielt auf ein kulturelles und kreatives Ökosystem, das alle Aspekte unseres individuellen Lebens und unserer Gesellschaft umfasst. Während der Schließung der Kulturinstitute während der Pandemie hatte ich die Gelegenheit, an virtuellen Gesprächen teilzunehmen, die sich mit einer Öffentlichkeit jenseits von geographischen Einschränkungen befassten. Dieser globale Dialog hat gezeigt, wie Einrichtungen überall auf der Welt mit den Auswirkungen der Pandemie kämpfen und welche innovativen Wege sie beschreiten, um ihr Publikum zu erreichen. Engagement und Zusammenarbeit auf lokaler Ebene können dazu beitragen, dass wir nach dieser schwierigen Zeit stärker werden und dass unsere fortschrittlichen Werte wachsen.

Vom Regieren zur Governance

Unsere Kulturinstitutionen arbeiten weiterhin an Initiativen, die unsere Politik zur Erschließung und zum Erhalt von Kulturgut weiter zu bestimmen versuchen: Hierdurch wird die Gesetzesgrundlage und der Rahmen für die Beibehaltung, das Management und die Verbreitung des kulturellen Erbes der VAE geschaffen. Politische Entscheidungen mit kultureller Relevanz betreffen alle Bereiche der Politik in den VAE, darunter die wirtschaftliche Entwicklung und Innovation, die gesellschaftliche Entwicklung sowie Stadtplanung und -entwicklung. Da Kultur ein Schlüssel zur sozialen Integration ist, betonen wir die Bedeutung der lokalen Dimension, wo Kultur geschaffen, verbreitet und konsumiert wird. Mit dieser Perspektive wechseln wir vom »Regieren« zur »Governance«, indem wir die Rolle gesellschaftlicher Organisationen und des privaten Sektors aufwerten. Wie andere Nationen wenden wir uns zunehmend den sozialen, wirtschaftlichen und kulturellen Chancen zu, die die Kultur- und Kreativindustrien (KKI) zu bieten haben. Die KKI zählen heute zu den dynamischsten und am schnellsten wachsenden Sektoren der Welt und schaffen mehr Arbeitsplätze für junge Menschen als jeder andere Sektor. Gleichzeitig sind die KKI einer der am schwersten von der Pandemie betroffenen Bereiche. Der Begriff »Industrien« in den KKI wirkt heute jedoch zunehmend veraltet, da wir jetzt in der Produktion und im Konsum von Kultur eine Entwicklung sehen, die den Schwerpunkt weniger auf physische Produkte und Waren setzt, sondern vielmehr digitale Produkte sowie kulturelle und kreative Dienstleistungen umfasst. Das Streaming von

Kulturprogrammen ist das beste Beispiel. Zusammen mit anderen Ländern fördern wir die Arbeit an originellen Formen künstlerischen Ausdrucks.

Wir verpflichten uns außerdem zur Erstellung von international anerkannten und vergleichbaren Kennzahlen nach führenden internationalen Richtlinien wie dem *Unesco framework for cultural statistics 2030* und dem *European Statistical System Network on Culture*. Wir entdecken, analysieren und unterstützen auch kontinuierlich kulturelle Ausdrucksformen, die Abu Dhabi einzigartig machen. Mit dem Ziel der evidenzbasierten Entscheidungsfindung erkunden wir innovative Methoden, die kulturelle Kartografien unterstützen, um zu veranschaulichen, wie lokale Geschichten, Praktiken, Beziehungen, Erinnerungen und Rituale sinnhafte Orte schaffen – lokal, regional, national und international.

Wissensproduktion und Austausch

Das Ministerium für Kultur und Tourismus in Abu Dhabi hat den Culture Summit Abu Dhabi ins Leben gerufen, um den internationalen Dialog, Debatten, die Wissensvermittlung und die Politikentwicklung zu unterstützen. An diesem jährlichen Treffen nehmen führende Protagonisten der Kultur und Vertreter der Künste, des kulturellen Erbes, der Medien, der Politik und der Technologie aus der ganzen Welt teil, um Mittel und Wege zu finden, damit Kultur das Bewusstsein schärfen, Brücken bauen und positive Veränderungen fördern kann.

Der Culture Summit Abu Dhabi 2020 wurde aufgrund der Pandemie vertagt. Wie viele andere Kulturagenturen weltweit haben wir den Dialog online geführt, mit dem Ergebnis, dass der Gipfel nun nicht mehr eine einmalige jährliche Veranstaltung ist, sondern ein ganzjähriges Programm von Wissensproduktion durch Dialog und Austausch. Ein wesentlicher Begriff für uns ist die »Wissensmobilisierung«. Sie beinhaltet die Zusammenführung von Wissen und Fachkenntnissen von Vertretern der Wissenschaft, der Politik und der Praxis, um verschiedene Erfahrungen zu kombinieren, so dass komplexe Probleme gelöst und kulturelle Innovationen angeregt werden können.

Die globalen Herausforderungen unserer Zeit bedürfen einer vereinten Menschheit mit mehr Barmherzigkeit und Kreativität denn je. Das Globale gibt uns Rahmenbedingungen, Erfahrungen und Paradigmen. Wir handeln jedoch lokal. Wir sollten gemeinsam nach vorne schauen, um unsere Aufgaben zu meistern und unsere Pflicht zu tun.

Aus dem Englischen von Greg Bond

Das Theater als Schwellenraum

Von Marc Grandmontagne, Ulrich Khuon und Birgit Lengers

In unserer Welt sind die Fragen nach dem Innen und dem Außen wie nach Nähe und Ferne kompliziert geworden, denn zwei Entwicklungen haben die Grenzen rasant verschoben, wenn nicht gar pulverisiert: Globalisierung und Digitalisierung. Beide sind untrennbar miteinander verbunden und haben dazu geführt, dass wir längst in einer Art Weltgesellschaft leben. Daraus speisen sich vielfältige Konflikte auch kultureller Art, man denke nur an die gesellschaftlichen Herausforderungen durch Kolonialismus und Migration, Rassismus und Identitätspolitik, aber auch an Phänomene wie die antidemokratischen Populismusbewegungen, deren Wurzeln nicht zuletzt in einer Sehnsucht nach Homogenität und Überschaubarkeit liegen. Hier werden dann willkürlich neue Grenzen gezogen zwischen einer angeblich geschlossenen, ethnisch homogenen »eigenen Kultur« und der als »fremd« stigmatisierten anderen.

Globalität und offene Gesellschaften erscheinen in ihrer Komplexität und Eigendynamik politisch schwer steuerbar. Die gegenwärtige offene Gesellschaft ist divers, aber auch stark polarisiert – nicht zuletzt führt die Kommunikation via Social Media eher in digitale Echokammern, wo wir uns wenig sozial einrichten. All das trifft auf ein politisches System, dessen freiheitliche Grundlagen nach dem Zweiten Weltkrieg gelegt wurden. Auch die in Deutschland nur historisch zu erklärende Unterscheidung zwischen Innen- und Außenkulturpolitik erscheint in diesem Zusammenhang anachronistisch. Eine Trennung der beiden Sphären ist in der Praxis weder einfach möglich noch sinnvoll – heute weniger denn je.

Selbst Covid-19 ändert an dieser Erkenntnis erstaunlich wenig, führt diese globale Krise uns doch vor Augen, wie hilflos und absurd nationale Alleingänge in der Pandemiebekämpfung sind.

Der Beitrag des Theaters oder das Engagement der Netzwerke

Auch in der Theaterwelt hat sich in der Corona-Krise gezeigt, dass das Bedürfnis nach physischem Kontakt, Mobilität und internationalem Austausch spürbar zunimmt, sobald Menschen zum *Social Distancing* aufgerufen sind und Ländergrenzen geschlossen werden. Internationale Festivals werden kurzfristig ins Digitale verlegt, und die Aktivitäten der europäischen und internationalen Netzwerke wie ETC (*European Theatre Convention*), mitos21, Pearle* (*Performing Arts Employer Associations League Europe*), ASSITEJ International (*Association Internationale du Théâtre pour l'Enfance et la Jeunesse*), E:UTSA (*Union of Theatre Schools and Academies*), EAIPA (*European Association of Independent Performing*), EFA (*European Festival Association*), ITI (*International Theatre Institute*), UTE (*Union des Théâtres de l'Europe*) sind wichtiger denn je, um unterschiedliche Erfahrungen und Strategien im Umgang mit der Krise auszutauschen, Solidarität zu zeigen und neue Möglichkeiten der internationalen Kooperation auszuloten. Gerade der europäisch-internationale digitale Austausch in diesen Monaten entspringt einer Sehnsucht nach Vergewisserung, dass die Verbundenheit mit denen, die man früher so selbstverständlich persönlich treffen konnte, noch da ist. Das gilt selbstverständlich auch für die Arbeit des Theaters vor Ort, und so entpuppt sich gerade die Einschränkung der Mobilität und der sozialen Nähe als einschneidender Anlass für die Reflexion über Rolle und Bedeutung des Theaters. So listet etwa die »Dresdner Erklärung« (Dresdner Erklärung 2020) des *EUROPEAN THEATRE FORUM*, einem erstmaligen Zusammenschluss dieser Netzwerke, folgende Wirkungsmöglichkeiten des Theaters auf:

· Förderung der Demokratie und humanitärer Werte
· Stärkung des sozialen Zusammenhaltes
· Kritisches Denken ermöglichen und fördern
· Empathie und Vorstellungskraft stärken
· Förderung des interkulturellen Dialogs

Es zeigt sich, dass sich das Theater als Institution gerade im Angesicht globaler Krisen, reaktionärer Nationalismen und gesellschaftlicher Spaltung in besonderer Weise aufgefordert, aber auch befähigt sieht, transnational und transkulturell zu vermitteln – und zwar ästhetisch und inhaltlich wie auch strukturell. Um zwei konkrete Beispiele zu nennen: Der Deutsche Bühnenverein engagiert sich im Rahmen der Martin-Roth-Initiative für Schutzräume für gefährdete Kunst- und Kulturschaffende. Dahinter steht die Gewissheit, dass Angriffe auf die Freiheit der Kunst die demokratische Freiheit der Gesellschaft grundsätzlich in Frage stellen (»Wer die Freiheit der Kunst angreift, der will in Wahrheit die demokratische Freiheit einer Gesellschaft in Frage stellen.« Öffentlicher Aufruf zur Schaffung eines Programms für verfolgte Künstlerinnen und Künstler). Auch das Engagement im Netzwerk DIE VIELEN e.V. tritt für ein Zusammenleben mit offenen Grenzen ein – nach innen wie nach außen. Ziel und gemeinnütziger Zweck des Vereins sind die Beförderung »internationaler Gesinnung«, der Toleranz auf allen Gebieten der Kultur und des »Völkerverständigungsgedankens«.

Ort des Übergangs

Die Besonderheit des Theaters liegt jedoch gerade nicht darin, als Global Player im digitalen Raum, sondern vielmehr als analoge Kunstform in regionaler Verortung zu agieren. Theater ist zum einen ein kultureller Ort und zum anderen eine Kunstpraxis – beiden wesentlich zu eigen ist die Vermittlung zwischen einem Innen und Außen. Seit seinem antiken Ursprung verhandelt das Theater zwischen den Bedürfnissen und Interessen des Individuums und der Gesellschaft und markiert dabei die Konfliktlinien der dramatischen Grundfrage: Wie wollen wir zusammenleben?

Theater als physische Kulturorte setzen sich zum einen mit ihrem unmittelbaren räumlichen Kontext auseinander, hier entsteht Kunst für die Community, für die Stadt und die Menschen, die in ihr leben. Somit ist Theater immer bestrebt, den »Ortssinn« zu schärfen, sich für »sein« Publikum mit lokalen und globalen Themen auseinanderzusetzen. Zum anderen gilt es im Theater, den Blick zu weiten, Begegnungen gerade über das Naheliegende und Bekannte hinaus zu ermöglichen. In der Konfrontation mit dem Fremden lädt Theaterkunst den Zuschauer ein, die bequeme Komfortzone des Vertrauten zu verlassen. Erst hier, in der irritierenden, verunsichernden Begegnung mit dem Unbekannten, sind neue Erfahrungen und Erkenntnisse möglich.

Theater sind Schwellenräume. Der niederländische Architekt Herman Hertzberger bezeichnet die Schwelle als Schlüssel und »wichtigste räumliche Voraussetzung (conditio) für die Begegnung und den Dialog von Bereichen unterschiedlicher Ordnung« (Hertzberger 1995). Ihre räumliche Ambivalenz besteht darin, dass sie zugleich trennen und verbinden. Sie leiten durch ein »Dazwischen«, von dem Gefahren wie Möglichkeiten ausgehen. Schwellen – als neu zu definierende Grenzbereiche zwischen Innen und Außen, zwischen Bekanntem und Unbekanntem, Eigenem und Fremden – können Ausgangspunkte für einen künstlerischen Dialog sein. Basis des Dialogs sind Neugier und die Bereitschaft, vertraute Räume zu verlassen und sich lustvoll auf Expeditionen in unbekanntes Terrain zu begeben. Über den Perspektivenwechsel, den »fremden Blick«, erfährt man Eigenes im Fremden und umgekehrt. Wer die eigene gesellschaftliche Situation verstehen will, muss die Erfahrungen der anderen zur Sprache bringen. Dadurch erweist sich Theater als eine Kunst, die das Lokale mühelos mit dem Globalen verbindet und immer den Anspruch haben darf, in ihrer Fragestellung universal zu denken, denn im Mittelpunkt steht der Mensch in Beziehung zu anderen Menschen. Das hat der jüdische Religionsphilosoph Martin Buber auf den Punkt gebracht, als er sagte: »Der Mensch wird erst am Du zum Ich«.

Das Theater spiegelt dabei modellartig verschiedene Innen- und Außenperspektiven wider. Betrachtet man das Theater als Ort, ist die Trennung von Bühne und Zuschauerraum augenfällig. Diese Unterteilung des physischen Raums ermöglicht erst den Blick auf uns selbst. Darüber hinaus gelingt es den Schauspielerinnen und Schauspielern durch den Doppelcharakter von Person und Rolle/Figur, einerseits Verfremdung und Distanz wie andererseits zugleich Identifikation und Nähe herzustellen.

Theater als angstfreier Möglichkeitsraum

Die besondere Chance des Theaters liegt darin, einen angstfreien Ort des Probehandelns zu eröffnen, an dem Konflikte ernsthaft, aber ohne reale Konsequenzen durchgespielt werden können. »Ohne die Anderen kein Selbst, ohne Ambiguität keine Identität [...]. Dazwischen liegt die Angst«, schreibt der Soziologe Heinz Bude in seiner aktuellen Diagnose »Gesellschaft der Angst« (Bude 2014). Inwiefern kann das Theater als Synergiefeld zwischen einem Innen und einem Außen produktiv vermitteln und durch Kulturaustausch eine Angstresilienz befördern? Wie kann es dies innerhalb und auch zwischen zutiefst verunsicherten und gespaltenen Gesellschaften leisten, in denen die Angst vor dem Fremden sich in beängstigen Formen der Fremdenfeindlichkeit äußert?

Ohne die Anderen kein Selbst: Das Soziale ist ein zentrales Moment gegen die Angst. Das Theater ist »eine der radikalsten Formen der Erprobung des Sozialen,« so der Soziologe Dirk Baecker (Baecker 2005: 10). Ein Ort, an dem gemeinsame Narrative erlebbar und Erinnerungen geteilt werden. Identitätsstiftung gelingt jedoch nur durch Teilhabe und Identifikation. Theatererfahrung bedeutet immer, sich in eine fremde Figur zu denken, zu fühlen, sich mit ihr zu identifizieren, sie mit ihren Erfahrungen, Gedanken, Motiven und Emotionen zu verkörpern bzw. sie als Zuschauender intellektuell und emotional nachzuvollziehen. Dabei wird im Möglichkeitsraum der Kunst eine fremde Perspektive eingenommen. Dieses Probehandeln im Als-Ob-Modus schafft besondere Erfahrungen und Erkenntnisse und geht mit einer Distanzierung vom Selbst einher. Als Grundqualifikationen des interaktionistischen Rollenhandelns hat Jürgen Habermas Empathie, Ambiguitätstoleranz und Rollendistanz benannt. Theater erleben bedeutet demnach eine Begegnung mit sich selbst in der Auseinandersetzung mit dem uns Fremden (in uns selbst). Durch die empathische Aneignung entsteht etwas, was man als kathartischen Moment oder auch, bescheidener formuliert, als moralische Fantasie oder Möglichkeitssinn bezeichnen kann.

Theater als Ort der Entähnlichung

Ohne Ambiguität keine Identität: Theater ist ein gesellschaftlicher Ort, an dem widersprüchliche Perspektiven aufgezeigt und kontrovers diskutiert werden können. Das Dramatische und Tragische (d.h. uns Erschütternde) zeichnet aus, dass es keine einfache, keine eindeutige Lösung gibt. Antigone wie Kreon haben recht und begehen trotzdem Unrecht. Der Konflikt zwischen ihren Positionen und Rechtsbegriffen ist unauflösbar. Im Mikrokosmos Theater, in seiner engagierten Verhandlung mit Rede und Gegenrede wird somit Ambiguitätstoleranz trainiert, und wir erfahren, dass es kein simples Richtig und Falsch, kein einfaches Wir versus Ihr gibt. Dass widersprüchliche Narrative eine Berechtigung haben und artikuliert werden können, auch ohne Konsens, ist oft schwer auszuhalten. Diversität ist immer anstrengend. Aber ein Zurück zu einer vermeintlich einmal dagewesenen gesellschaftlichen Homogenität, zu einem Moralkonsens, wo ein Innen und Außen, ein Dazugehören von Ländergrenzen abhängig waren, ist in einer offenen Gesellschaft weder möglich noch wünschenswert. Im Theater als Konfliktraum und Synergiefeld zwischen Innen und Außen können Vielstimmigkeit und (kulturelle) Vielfalt als Bereicherung erlebbar werden. Gemeinsinn entsteht dabei nicht durch das Vermeiden, sondern in der Integration des Konflikts. Wie in der kulturpolitischen Diplomatie entstehen belastbare Beziehungen im Verlauf der Konfliktaustragung und in der Anerkennung einer Pluralität der Positionen. Im Sinne von Achille Mbembes

Begriff der transkulturellen »Entähnlichung«, der sich dezidiert gegen eine kulturelle Homogenität durch Aneignung oder das Negieren von Differenz ausspricht, kann das Theater einen utopischen, aber erfahrbaren Raum eröffnen, in dem das Verschiedene das Gemeinschaftsstiftende unserer Zeit ist.

Literatur

Baecker, Dirk (2005), Kunst, Theater und Gesellschaft, in: dramaturgie. Zeitschrift der Dramaturgischen Gesellschaft, 2/2005.

Bude, Heinz (2014), Gesellschaft der Angst, Hamburg.

Dresdner Erklärung, https://www.europeantheatreforum.eu/page/the-dresden-declaration-of-the-european-theatre-forum

Hertzberger, Herman (1995), Vom Bauen. Vorlesungen über Architektur, München.

Mbembe, Achille (2014), »Kritik der schwarzen Vernunft«, zitiert aus »Sorge um das Offene. Verhandlungen von Vielfalt im und mit Theater« von Julius Heinicke. Theater der Zeit (Recherchen 148).

Die Diebe der Kunst

Von Helena Waldmann

Im Jahre 1779 veröffentlichte Giovanni Paisiello, ein Zeitgenosse Mozarts, das Libretto seiner komischen Oper »L'idolo cinese«. Uraufgeführt im Frühjahr 1767 im Teatro Nuovo zu Neapel geht es in diesem Werk, in aller Kürze, um die vertraute Stadtgesellschaft von Neapel, betrachtet durch die Augen eines Chinesen. Dieser Fremde wundert sich über das dem Publikum so Vertraute, eben weil er ein Fremder ist. So wird durch diesen fremden Blick das Vertraute verfremdet und entlarvt so mancherlei, das den Nichtfremden im Publikum sehr bekannt vorkommen durfte.

Man hat dies einst eine Verfremdungstechnik genannt. Karl Valentin, der Spitzbube, hat daraus diesen berühmten Satz gemacht: »Fremd ist der Fremde nur in der Fremde«. Weil dieser Satz so philosophisch klingt, dass man ihn kaum dem Münchner Volkskomiker Valentin zuschreiben mag, entschloss er sich, den Satz folgendermaßen zu übersetzen: Ein »Fremder unter Fremden« sei man dann, »wenn Fremde mit dem Zug über eine Brücke fahren und ein anderer Eisenbahnzug mit Fremden unter derselben durchfährt, so sind die durchfahrenden Fremden – Fremde unter Fremden«.

Fremde sind – überall in der Welt – ein wunderlicher Menschenschlag. Egal ob diese Fremden Marsianer wären, die auf der Erde landen, oder Südsee-Häuptlinge, die es anlässlich diverser Weltausstellungen nach Europa verschlagen hat, oder Mutter Teresa, die in Kolkata ihre Bibeltreue bewies, oder Albert Schweitzer, der sich in Gabun über fremde Sitten wunderte, oder eben jener Chinese, der sich in Neapel die Augen über die Neapolitaner rieb: Immer sind es Fremde, die das Fremde anschauen, es sich übersetzen und sich einen Reim machen wollen auf das, was sie nicht kennen. Folgt man den heutigen Debatten oder Diskursen dazu, so besitzen alle Fremden keinerlei Recht dazu, sich in fremder Leute Angelegenheiten einzumischen.

Denn wenn kürzlich zum Beispiel, im Jahr 2018, die berühmte französische Regisseurin Ariane Mnouchkine zusammen mit dem ebenso berühmten frankokanadischen Regisseur Robert Lepage ein Stück wie »Kanata – Épisode I – La Controverse« herausgebracht hat, dann hätten, so heißt es, diese beiden mit ihrem Kunstwerk all diejenigen beleidigt, die unter einer »Cultural Appropriation« leiden und sie »des illegitimen Verwendens, Entkontextualisierens und Kommerzialisierens der Zeichen und Narrative kolonisierter, diskriminierter oder autochthoner Völker und Minderheiten vor allem durch die weißen Nachfahren der Kolonisatoren (und ohne die Mitwirkung von Indigenen)« bezichtigten, so Matthias Pees, Leiter des Frankfurter Mousonturms, der mit diesen klugen Worten die ehrwürdige Regiekollegin als eine »universalistische, utopisch und genialisch denkende Theaterfrau mit ihrem seit 1964 bestehenden multikulturellen Kollektiv, dem Schauspielerinnen und Schauspieler aus aller Welt (allerdings keine autochthonen Nordamerikaner) angehören«, zu verteidigen versuchte.

Um diesen kleinen Aufsatz hier nun endlich in Richtung Tanz zu wenden, dürfte folglich auch nur ein Inder die Tanzkunst des Bharatanatyam beherrschen, nur eine Balinesin die Kunst des »halus« üben und nur ein Zulu in Südafrika sich als »artistic tsotsi«, als ein künstlerischer Dieb bezeichnen, der die Schritte des weißen Mannes karikiert – und wehe dem, der es wagt, mit weißer Haut einen afrikanischen Tanz auf der Bühne zu probieren und dies noch unter Verwendung desselben Rechts, ein »Tsotsi« zu sein... Dabei tun es alle doch immer wieder mit großem Vergnügen, wie etwa meine Kollegin Monika Gintersdorfer, die ihre tanzenden Männer und Frauen aus der afrikanischen Côte d'Ivoire den urjapanischen Kabuki-Tanz (in »Kabuki noir«), nun ja: appropriieren lässt. Für meine Generation, aufgewachsen mit Ariane Mnouchkine und Robert Lepage, danach in die Welt gereist nach Afghanistan, Palästina, Iran, Bangladesch und wo immer sonst es brennt, ist diese Debatte, dass eine und einer nur tanzen darf, was ihnen die Ahnen bereits in die Wiege gelegt haben, eher doch ein Vorbote jener neo-nationalistischen Grenzneubauten, die uns nicht erst seit Corona an der Eroberung der Weite und Ferne hindern wollen. Zwar ist man, scheinbar, gegen jegliche Ausgrenzung, in Wahrheit hängt man aber dann doch einem Kult des Reinheitsgebotes an.

Könnte ich denn heute noch, im Jahr 2020, nach Bangladesch reisen und maßlos irritiert über die Ausbeutung der dortigen Textilarbeiterinnen sein? Dürfte ich noch gemeinsam mit bangladeschischen Tänzerinnen und Tänzern für das Stück »Made in Bangladesch« (2014) über die Ähnlichkeiten der Ausbeutung von Näherinnen und Kulturarbeiterinnen nachdenken?

Dürfte ich mich, beim Anblick der ratternden Nähnadeln und angesichts der ebenso fleißig stampfenden Füße im Kathak-Tanz, diese altehrwürdige Tradition noch immer dahingehend »entschlacken«, dass eine Aussage über die schonungslose Taktung der Arbeitsprozesse für Konzerne wie Tchibo, H&M und Kik sichtbar werden würde? »Don't boycott our products«, sagten die Textilarbeiterinnen, und meine Tänzerinnen stimmten ein, denn auch ihr Produkt, ihre Kunst, existiert nur, wenn sie draufzahlen – dort wie hierzulande übrigens auch.

Auch bei uns, im Paradies der Kulturförderung, herrscht – wenn auch versteckter – eine Form der Selbstausbeutung, die nicht so genannt wird, weil man sich doch immer nur freiwillig auf die Seite der Kunst schlägt. Was ich gelernt habe, als Fremde im lärmigen Moloch von Dhaka, der Hauptstadt von Bangladesch, ist diesen anderen Blick, den Blick der Fremden, in Tanz so zu übersetzen, dass ihn auch die Hausfrau in Ludwigsburg versteht. Dass ich dazu in der Lage bin, liegt angeblich daran, dass ich eine Privilegierte bin, die als Fremde eingreift in die Tanzpraxis in einem Land, das wie Bangladesch mangels professioneller Strukturen noch viel Hoffnung auf Entwicklung hat.

Woher kommt aber dieses Privileg? Besteht es nicht darin, dass ich dank meines Passes in über 190 Länder gelangen konnte, mit einem Visum on arrival, wie man so sagt? Willkommen zu sein, ist in der Tat ein Privileg, und schuld an diesem Privileg sind weder meine Hautfarbe noch mein Geschlecht noch meine Herkunft, sondern einzig und allein mein Pass. In »Gute Pässe Schlechte Pässe« (2017) habe ich das Grenzüberschreiten – meinen Beruf – ein wenig weiter übertrieben. Nicht nur, dass ich die Grenze zwischen Tänzerinnen und Tänzern sowie Akrobatinnen und Akrobaten überwinden wollte, sondern es auch wagte, zahlenmäßig begrenzten Laien zu erlauben, in diesem Stück selbst die Verantwortung dafür zu übernehmen, dass der Pole, die vertikale Akrobatenstange, von ihnen so fest gehalten wurde, dass die Akrobatinnen und Akrobaten nicht stürzten. An jedem Ort, an dem wir gastiert haben, übernahmen andere Einheimische diese Aufgabe, allesamt Neulinge auf der Bühne, allesamt Involvierte in eine Problematik, die vom Recht erzählt, ob ein Fremder eindringen darf in eine ihm fremde Welt, sei es eine Bühne, sei es ein anderes Land, sei es auch: in eine andere Denkweise, als die gewohnte.

Das Fremde ist, wie beim Chinesen in Neapel, vor allem immer dann eine Bereicherung für beide Seiten, wenn beide Seiten die Verantwortung füreinander übernehmen. Das ist – wahrscheinlich sogar – das genaue Gegenteil von jener Art von Tourismus, die Karl Valentin gemeint hat, als er lauter Fremde über lauter Eisenbahnbrücken fahren ließ, die in ihren Abteilen abgeteilt von den Einheimischen nur aus dem Fenster schauten. Bei Valentin ist das Fremde zudem eher eine Mordsgaudi, wenn sich die Einheimischen selbst als Fremde darstellen und sich mit Schminke im Gesicht als messerwerfende Indianer auf dem Oktoberfest präsentieren oder als Chinesen so chinesisch singen, dass es schon wieder bayrisch klingt. Heute wäre dieses Valentin'sche Ansinnen vor allem eine Beleidigung der indigenen und ostasiatischen Einheimischen, die aus ihrer Sicht eben nicht fremd und entsprechend auch nicht entfremdet darzustellen sind. Nun denke ich, dass wir es im Tanz mit einer sehr speziellen Situation zu tun haben, da der Tanz, anders als das Theater, eben nichts darstellt, sondern Bewegungen vollzieht. Allenfalls durch einen Kontext, ein Bühnenbild, eine Musik mag ein Tanz bedeutungsvoll erscheinen, in Wahrheit aber ist er erst einmal nur das, was der bewegte Körper selber kann: nämlich Tanzen oder auf Händen stehen oder auf Leitern gehen. Der Körper ist fähig, wie in meinem Stück »Made in Bangladesch«, sowohl auf die Situation der Textilarbeiterinnen dort, wie auch – gespiegelt im zweiten Teil – mit genau denselben Bewegungen auf die Situation der Tänzerinnen in diesem, unserem Lande hinzuweisen.

Tanzen kann – mal abgesehen von allen völkerverbindenden Klischees – den Blick also lenken: weg von den starren Diskursen der Korrektheit, sprich: des gewöhnlichen menschlichen Anstands – und hinlenken auf die beweglichen Zwischenräume und Scharniere unserer Gesellschaft, die nichts dringender benötigen als das Fremde, die Eindringlinge, die Störenden, Fragenden und die Infragesteller. Ohne sie gäbe es keine Kunst. Wir hätten sie auch nicht nötig in einem geschlossenen Abteil, das dann auch niemand mehr verlassen muss. Nur will ich da nicht sein.

Weitere Informationen unter www.helenawaldmann.com

Synergien von Innen und Außen in der Wissenschaft

Von Georg Schütte und Thomas Brunotte

Dass die Grenzen von Innen und Außen in einer globalisierten, multipolaren und zunehmend interdependenten Welt immer weiter nivelliert und außenpolitische Herausforderungen zugleich auch innere Angelegenheiten werden, zeigt sich nicht nur bei der Bewältigung des globalen Klimawandels, der Regelung von Migrationsströmen oder der Überwindung einer weltweiten Pandemie, sondern auch in einer durch Mobilität, Migration und (digitale) Kommunikation getriebenen, immer stärker werdenden internationalen Verflechtung. Davon ist auch die Wissenschaft betroffen, der in diesen Prozessen eine besondere Rolle zukommt.

Es gibt keine nationale Wissenschaft. Während es durchaus national geprägte Formen der wissenschaftlichen Arbeit, der Kontextualisierung und des gesellschaftlichen Umgangs mit Wissenschaft gibt, ist Wissenschaft selbst universal. Niemand hat dies schöner auf den Punkt gebracht als Anton Tschechow: »Eine nationale Wissenschaft gibt es nicht, so wie es auch kein nationales Einmaleins gibt; was national ist, das ist keine Wissenschaft.« Und so ist die Wissenschaft ohne Frage eine Gewinnerin der Globalisierung, sie kann von weltweiter Vernetzung, Kooperation und Internationalisierung erheblich profitieren. Zugleich steht sie dadurch aber auch vor vielfältigen Herausforderungen, die sie in ihrem Kern berühren. Dies zeigt sich in vielfältigen Formen der Verletzung von Wissenschaftsfreiheit in manchen Ländern sowie im Wegfall von Finanzierungen aus politischen Gründen oder im aufstrebenden Nationalismus und Populismus, die auch Auswirkungen auf die Wissenschaft haben.

Der Aufbau und die Pflege wissenschaftlicher Beziehungen über Ländergrenzen hinweg ist ein intrinsischer innerwissenschaftlicher Prozess. Zugleich hat er seit der zweiten Hälfte des vergangenen Jahrhunderts eine politische Dimension erhalten, die als »Außenwissenschaftspolitik« umschrieben werden kann (Schütte 2008). International wird auch von »science diplomacy« gesprochen, wenn auch mit teilweise anderer Konnotation (Schütte 2020). Dieser Beitrag geht der Frage nach, wie eine solche »Außenwissenschaftspolitik« eine Auswärtige Kulturpolitik ergänzen kann, wie Innen und Außen speziell auf diesem Feld verschwimmen und welche Rolle gerade wissenschaftsfördernde Stiftungen dabei spielen können.

Wissenschaft zwischen nationalen Wissenschaftstraditionen und universeller Geltung

Wenn man die Vielfalt der weltweiten Wissenschaftslandschaft betrachtet, so lässt sich schnell feststellen, dass es jeweils landestypische Wissenschaftskulturen, prägende Wissenschaftstraditionen sowie nationale Wissenschaftsinfrastrukturen und -fördersysteme gibt. Nicht zuletzt gibt es neben dem stetig wichtiger werdenden Englisch immer noch eine Vielzahl von Wissenschaftssprachen, in denen verschiedene sprachliche Zugänge und Perspektiven auf wissenschaftliche Phänomene und Gegenstandsbereiche wachgehalten werden. Gleichwohl ist bei allen ernstzunehmenden nationalen Strukturen in der Wissenschaft klar, dass sie zugleich auf die internationale Zusammenarbeit setzen müssen. Fünf große wissenschaftsimmanente Treiber einer solchen Entwicklung lassen sich ausmachen:

Der wohl wichtigste Treiber ist die historische Entwicklung der empirisch arbeitenden (Natur-) Wissenschaften. Während man sich nationale Prägungen etwa der Rechtswissenschaften noch gut vorstellen kann, sind die Physik oder die Lebenswissenschaften mit einer nationalen Perspektive undenkbar. Unterschiede gibt es allenfalls bei den ethischen Rahmenbedingungen (etwa im Bereich der Stammzellforschung).

Zweitens zeigen der Bau und die gemeinsame Nutzung von wissenschaftlicher Infrastruktur, wie unverzichtbar internationale Kooperation in bedeutenden Wissenschaftsfeldern inzwischen geworden ist. Weltweite Netzwerke von Teleskopen, der Teilchenbeschleuniger CERN oder der internationale Thermonuklearreaktor ITER zeigen, dass es einer einzelnen Nation kaum noch gelingt, zukunftsweisende Forschungsinfrastruktur allein bereitzustellen und zu betreiben.

Drängende Herausforderungen wie Klimawandel, Migration und Ungleichheit zeigen drittens, dass sie nur in einem internationalen Zusammenschluss lösbar sind. Nationale Lösungen gibt es nicht. Oftmals müssen die Herausforderungen auch über Sektorengrenzen hinweg angegangen werden, und wirksame Resultate können nur erzielt werden, wenn Wissenschaft, Wirtschaft, Politik und Zivilgesellschaft an einem Strang ziehen und gemeinsam nach Antworten und Maßnahmen suchen.

Schließlich gibt es, viertens, auch epistemologische Gründe. Wenn es in der Wissenschaft darum geht, Wissen mit Wahrheitsanspruch zu generieren, sich der Wahrheit zumindest schrittweise anzunähern oder sich in einem dialektischen Diskurs von These und Gegenthese, Hypothese, Argumentation sowie Schlussfolgerung ein universal gültiges Wissen zu erschließen, kann ein solcher Prozess nicht vor nationalen Grenzen und Perspektiven haltmachen. Die Perspektiven und Kulturen anderer Wissenschaftstraditionen sind ein wichtiger Baustein, um den wissenschaftlichen Diskurs lebendig zu halten. Er lebt von der fremden, bisher noch nicht eingenommenen Perspektive, anderen Blickwinkeln und der Überwindung von vorgefassten Denkweisen.

Mit der Digitalisierung ist ein fünfter wichtiger Aspekt hinzugekommen. Digital erschlossenes Wissens ist augenblicklich verfügbar, kann weltweit geteilt und in Netzwerken überall weiterentwickelt werden. Generierung von neuem Wissen und dessen Verbreitung verlaufen nahezu simultan. Die Digitalisierung der Wissenschaft ist wohl die größte Schnittstelle für die internationale Öffnung von wissenschaftlichem Wissen über nationale Grenzen hinweg.

Wissenschaft im Spannungsfeld zwischen nationalen Interessen und globalen Zukunftsherausforderungen

Während hierzulande Wissenschaft, Forschung und Lehre durch das Grundgesetz geschützt sind, ist die Wissenschaftsfreiheit in anderen Ländern spürbar bedroht. Populistische Bewegungen, die Verbreitung von Unwahrheiten über soziale Medien und handfeste machtpolitische Interessen machen Wissenschaftlerinnen und Wissenschaftlern die Arbeit und das Leben schwer. Dies beginnt bei der Kürzung von Forschungsbudgets für politisch unliebsame Forschungsthemen, zeigt sich in der Umstrukturierung des Wissenschaftssystems unter politischem Einfluss und führt in manchen Teilen der Welt sogar zu einer Verfolgung von Wissenschaftlerinnen und Wissenschaftlern, die sich gegen die Positionen des herrschenden Systems stellen (Wiarda 2017: 13-21).

Leider zeigen sich solche Entwicklungen auch mitten in Europa, wenn man etwa an das Schicksal der Central European University denkt, die von Budapest nach Wien verlagert werden musste, oder an die Umstrukturierung der Ungarischen Akademie der Wissenschaften sowie an die Einflussnahme der PiS-Partei auf das polnische Wissenschaftssystem (Krull/Brunotte 2021).

Solche Entwicklungen sind angesichts der drängenden globalen Zukunftsherausforderungen – allen voran der Bewältigung des Klimawandels – ein herber Rückschlag für die Wissenschaft. Sie stoßen aber bei den oben beschriebenen, der Wissenschaft inhärenten Internationalisierungstreibern immer wieder an ihre Grenzen. Während sich Forschung in einem nationalen Rahmen kleinhalten oder verhindern lässt, gelingt dies auf globaler Ebene nicht. Über das Internet können Fakten, Informationen und neue wissenschaftliche Einsichten auch jenseits der etablierten oder kontrollierbaren Kommunikationskanäle verbreitet werden. In der Gemeinschaft der Wissenschaftlerinnen und Wissenschaftler gibt es trotz aller Konkurrenz um die besten Ideen immer auch eine grundlegende Verbundenheit und Kooperationsbereitschaft, die in der gemeinsamen Suche nach Erkenntnis und Wahrheit begründet ist.

Die Zusammenarbeit auf wissenschaftlicher Ebene funktioniert in der Regel auch dann gut, wenn es auf der politischen, wirtschaftlichen oder gesellschaftlichen Ebene schwierig ist, zusammenzuarbeiten. So sind die ersten diplomatischen Kontakte zwischen Israel und Deutschland auf der Grundlage von zuvor geknüpften Kontakten auf der Wissenschaftsebene zustande gekommen (VolkswagenStiftung 2015). Auch während der Zeit des Kalten Krieges hat es vielfach einen guten Austausch zwischen russischen und westlichen Wissenschaftlerinnen und Wissenschaftlern gegeben. Auch hat sich der Austausch von Studierenden und Forschenden, der vom DAAD und der Alexander-von-Humboldt-Stiftung gefördert wird, als ein bewährtes Instrument der Außenwissenschafts- und Auswärtigen Kulturpolitik fest etabliert.

Synergien von Innen und Außen – zwischen Wettbewerb und Kooperation

Dieser der Wissenschaft immanente Drang zur Überwindung nationaler Grenzen und zum Streben nach Kooperation und Zusammenarbeit ist ein wichtiger Motor für die wissenschaftliche Entwicklung insgesamt. Ein besonderes Merkmal ist, dass er von Kooperation ebenso lebt wie vom Wettbewerb. Das Beispiel Wissenschaft ist daher geeignet, einen Beitrag zur Differenzierung einer außenkulturpolitischen Begrifflichkeit zu leisten, die zwar häufig verwendet wird (z. B. im Koalitionsvertrag der Bundesregierung 2018), aber auch deutliche Schwächen hat (Weigel 2019: 28-31), nämlich zum »Wettbewerb der Narrative«. Im Diskurs der Weltgemeinschaft geht es nicht um »Narrative«, also »Erzählungen«, sondern um ein gemeinsames Werteverständnis, um einen gemeinsamen Blick auf globale Probleme und Herausforderungen und um die Etablierung der universalen Werte Freiheit, Solidarität und Gleichheit aller Menschen. Dazu zählt auch die Wissenschaftsfreiheit. Sie stützt sich nicht auf ein wie auch immer geartetes Narrativ, sondern ist notwendige Grundlage für ein erfolgreiches Agieren der Wissenschaft bei der Lösung globaler Zukunftsherausforderungen. Die Wissenschaftsfreiheit ist ein fundamentaler Wert, den freiheitliche und demokratische Gesellschaften in diesen Dialogprozess einbringen – und eben keine »Erzählung«. Es geht um nicht weniger als die Arbeitsgrundlage von vielen Wissenschaftlerinnen und Wissenschaftlern, die einen Beitrag zur Lösung der Zukunftsherausforderungen leisten und Orientierungswissen für die Gesellschaft bereitstellen. Hierin mag man vielleicht einen Wettbewerb um die besten Ideen und Perspektiven auf ein wissenschaftliches Problem sehen. Dieser Wettbewerb steht aber insgesamt im Dienst einer übergeordneten Sache, nämlich der Suche nach Erkenntnis und Wahrheit. Dies gilt auch dann, wenn Wissenschaftlerinnen und Wissenschaftler an ihrer Arbeit gehindert, unterdrückt oder vertrieben werden. Die Erkenntnissuche erfordert es, dass Wissenschaftlerinnen und Wissenschaftler weltweit nicht an ihrer Arbeit gehindert werden. Zugleich begründet diese Erkenntnissuche neben dem Wettbewerb auch die Kooperation in der Gemeinschaft der Wissenschaft. Nicht nur wegen der universalen Natur mancher wissenschaftlicher Probleme und Herausforderungen, sondern auch wegen der gemeinsamen Erkenntnis- und Wahrheitssuche der wissenschaftlichen Gemeinschaft berühren Verletzungen der Wissenschaftsfreiheit in anderen Ländern immer auch die inneren Angelegenheiten der Wissenschaft in den einzelnen Ländern. Zugleich ist die Wissenschaft wie wohl kaum eine andere gesellschaftliche Praxis auf freie, demokratische und offene Gesellschaften angewiesen und damit ein besonderer Träger dieses Welt- und Werteverständnisses. Es trifft auch auf die Wissenschaft zu, was Willy Brandt über die Kulturaußenpolitik gesagt hat: Sie ist »Arbeit an der Weltvernunft«.

Schlussfolgerungen für die Arbeit von wissenschaftsfördernden Stiftungen

Eine Außenwissenschaftspolitik muss mit einer Außenkulturpolitik Hand in Hand geht. Als solche umfasst sie nicht nur staatliches Handeln, sondern schließt auch die Zivilgesellschaft mit ein. Wissenschaftsfördernde Stiftungen können einen wichtigen Beitrag gerade dort leisten, wo staatliches Handeln an seine Grenzen stößt oder einer Ergänzung bedarf. Exemplarisch seien hier fünf Beispiele für den Beitrag von wissenschaftsfördernden Stiftungen genannt, die die Rolle und Bedeutung von Stiftungen unterstreichen.

Mit der Initiative »Deutsch plus – Wissenschaft ist mehrsprachig« hat die VolkswagenStiftung die Stärkung der deutschen Sprache als Wissenschaftssprache sowie das Anliegen unterstützt, aus den spezifischen sprachlichen und kulturellen Prägungen wissenschaftlichen Denkens und Arbeitens einen Mehrwert für die Forschung zu generieren. Der Förderansatz dabei war, eine Perspektivvielfalt für die Wissenschaft zu stärken, die den wissenschaftlichen Diskurs bereichern und erweitern kann (Brunotte 2012). Die Wichtigkeit eines solchen Ansatzes unterstreicht auch Weigel: »Im Bereich der Wissenschaft führt Internationalisierung zurzeit zunehmend zur Einsprachigkeit (global English) und tendenziell zum Transfer in nur eine Richtung. Hier ist AKBP (in Kooperation mit der deutschen Wissenschaftspolitik) gefragt, um die Europäisierung der *Geistes- und Kulturwissenschaften* institutionell auszubauen und im Interesse einer *Internationalisierung der deutschsprachigen Geistes- und Kulturwissenschaften* der bestehenden Asymmetrie in der Übersetzungspolitik durch verstärkte und gezielte Förderung entgegenzuwirken« (Weigel 2019: 8-9).

Dass Stiftungen gerade dann, wenn es auf politischer Ebene schwierig ist, mit der Förderung von Wissenschaftskooperationen einen Beitrag leisten können, zeigt die Ausschreibung »Trilaterale Partnerschaften – Kooperationsvorhaben zwischen Wissenschaftlerinnen und Wissenschaftlern aus der Ukraine, Russland und Deutschland«, die die VolkswagenStiftung auf dem Höhepunkt der Ukraine-Krise initiiert hat. Die zwischen 2015 und 2019 geförderten Projekte haben gezeigt, dass die wissenschaftliche Zusammenarbeit trotz aller Schwierigkeiten auf politischer Ebene hervorragend funktionieren kann. Die Ausschreibung leistete einen Beitrag für Möglichkeiten der Überwindung des Konflikts, die auf politischer Ebene so nicht hätte gelingen können.

Die von der Alexander-von-Humboldt-Stiftung ins Leben gerufene Philipp-Schwartz-Initiative ist ein weiteres Beispiel von Stiftungsengagement für die Wissenschaftsfreiheit und den Schutz bedrohter Wissenschaftler und Wissenschaftlerinnen. Die Humboldt-Stiftung kooperiert im Rahmen dieser Initiative mit internationalen Förderern wie dem Scholars at Risk Network, dem IIE Scholar Rescue Fund oder dem Council for At-Risk Academics. Das Auswärtige Amt, die Alfried Krupp von Bohlen und Halbach-Stiftung, die Andrew W. Mellon Foundation, die Fritz Thyssen Stiftung, die Gerda Henkel Stiftung, die Klaus Tschira Stiftung, die Robert Bosch Stiftung, der Stifterverband für die Deutsche Wirtschaft sowie die Stiftung Mercator unterstützten die Initiative finanziell. Damit erhalten Hochschulen und Forschungseinrichtungen in Deutschland die Möglichkeit, gefährdete Wissenschaftlerinnen und Wissenschaftler aus besonders bedrohten Regionen mit einem Vollstipendium aufzunehmen.

Einen ähnlichen Ansatz verfolgt die »Academy in Exile«, die geflüchteten Wissenschaftlerinnen und Wissenschaftlern ein Fellowship in Deutschland sowie die Möglichkeit zur Vernetzung im Rahmen einer kleinen, 24 Personen umfassenden wissenschaftlichen Akademie bietet. Die Academy in Exile ist im Jahr 2017 als eine gemeinsame Initiative der Universität Duisburg-Essen, des Kulturwissenschaftlichen Instituts (KWI) Essen und dem Forum für Transregionale Studien Berlin ins Leben gerufen worden. Nach einer Startfinanzierung durch die VolkswagenStiftung und das Wissenschaftskolleg zu Berlin sind weitere Förderpartner hinzugekommen (IIE Scholar Rescue Fund, Freudenberg Stiftung, Andrew W. Mellon Foundation). Inzwischen gibt es auch eine Dependance in Berlin.

Auf eine internationale Zusammenarbeit mit Partnerstiftungen in anderen Ländern setzt auch die von der VolkswagenStiftung angestoßene Dachinitiative »Global Issues – Integrating Different Perspectives«. Übergreifendes Ziel ist die Förderung von Wissenschaftskooperationen mit Ländern des sogenannten »Globalen Südens«, also Ländern mit mittlerem bzw. niedrigerem Einkommensniveau. Voraussetzung ist die Einbindung von mindestens zwei Partnern aus diesen Ländern in eine Forschungskooperation zu globalen Zukunftsherausforderungen. Getragen wird die Initiative von einem Stiftungskonsortium von sieben international agierenden Stiftungen; neben der VolkswagenStiftung sind dies die italienische Compagnia di San Paolo, die dänische Stiftung Novo Nordisk, die schwedische Reichsbanksstiftung und die Wallenberg-Stiftungen sowie der britische Wellcome Trust und die spanische La Caixa Foundation.

Fazit

Wo staatliches Handeln an seine Grenzen gerät, etwa bei der Sicherung der Wissenschaftsfreiheit oder bei der Zusammenarbeit jenseits von politischen und wirtschaftlichen Sanktionen, kann die Wissenschaft eine Brücke sein, um den Dialog nicht abreißen zu lassen oder wieder anzustoßen. Als Teil der Zivilgesellschaft leisten wissenschaftsfördernde Stiftungen einen spezifischen Beitrag, der staatliches Handeln auf dem Feld der Außenkulturpolitik ergänzen, komplementieren oder substituieren kann. Stiftungen sind aufgrund ihrer Flexibilität, Agilität und Unabhängigkeit für einen solchen Beitrag prädestiniert. Sie können vernachlässigte Themen aufgreifen, wie etwa die Förderung von Wissenschaftssprachen jenseits der in der Wissenschaft universell verwendeten englischen Sprache. Sie können über die Finanzierung von Wissenschaftskooperationen mit Partnern aus Konflikt- und Krisenregionen Brücken schlagen und Zusammenarbeit über Konfliktlinien hinweg ermöglichen. Mit Förderprogrammen für Wissenschaftlerinnen und Wissenschaftler, die von Unterdrückung, Verfolgung oder Ausgrenzung in ihren Heimatländern bedroht sind, können sie einen wichtigen Beitrag zur Sicherung der Wissenschaftsfreiheit leisten. Sie können darüber hinaus, komplementär zur öffentlichen Hand, mit eigenen Initiativen und im Verbund mit Förderpartnern aus anderen Ländern eigene Initiativen anstoßen.

Die Öffnung der Wissenschaft für die Anliegen, Perspektiven und Herausforderungen von Wissenschaftlerinnen und Wissenschaftlern in anderen Ländern bedeutet dabei zugleich immer eine Förderung der Wissenschaft im eigenen Land. Die Vielfalt der Perspektiven, der Schutz von Freiheitsrechten und die Überwindung von Grenzen ist eine Bereicherung für den Erkenntnisprozess selbst, der sich nicht in nationale Strukturen oder Grenzen fassen lässt. An dieser Schnittstelle verschwimmen auch die Grenzen von Innen und Außen. Gerade die wissenschaftsfördernden Stiftungen können der Wissenschaft dazu verhelfen, ihr völkerverbindendes, grenzüberschreitendes und auf Kooperation setzendes Momentum zu stärken und zu entwickeln. Sie können mit innovativen Förderformaten dazu beitragen, die Strukturen der internationalen Zusammenarbeit und Kooperation in Wissenschaft und Forschung kreativ weiterzuentwickeln und damit auch für staatliche Förderer neue Wege zu eröffnen.

Literatur

Brunotte, Thomas (2012), Deutsch als Wissenschaftssprache fördern – was Stiftungen tun können, in: Oberreuter, H., Krull, W. und Ehlich, K. (Hg.), Deutsch in der Wissenschaft. Ein politischer und wissenschaftlicher Diskurs, München.

Bundesregierung, Ein neuer Aufbruch für Europa. Eine neue Dynamik für Deutschland. Ein neuer Zusammenhalt für unser Land. Koalitionsvertrag zwischen CDU, CSU und SPD, 7. Februar 2018, 154.

Krull, Wilhelm/Brunotte, Thomas (2021), Turbulent Times: Intellectual and Institutional Challenges for Universities in Germany, Hungary and Poland, in: John Douglass (Hg.), Neo-Nationalism and Universities: Politics, Policy and Higher Education, Baltimore.

Schütte, Georg (2008) (Hg.), Wettlauf ums Wissen. Außenwissenschaftspolitik im Zeitalter der Wissensrevolution, Berlin.

Schütte, Georg (2020), Science Diplomacy – zwischen Anspruch und Wirklichkeit; https://www2.daad.de/der-daad/daad-aktuell/de/75656-science-diplomacy--zwischen-anspruch-und-wirklichkeit-/, zuletzt gesehen am 29. September 2020.

VolkswagenStiftung (2015), »Gemeinsam forschen – Verbindung stiften«, Hannover: VolkswagenStiftung; https://www.volkswagenstiftung.de/sites/default/files/downloads/Gemeinsam_forschen_Verbindung_stiften_02.pdf, zuletzt gesehen am 9. Oktober 2020.

Weigel, Sigrid (2019), Transnationale Auswärtige Kulturpolitik – Jenseits der Nationalkultur. Voraussetzungen und Perspektiven der Verschränkung von Innen und Außen, Stuttgart.

Wiarda, Jan-Martin (2017), Wissenschaftsfreiheit, in: DSW Journal 1/2017, Berlin, 13-21.

Über die Beiträgerinnen und Beiträger

Dr. Thomas Brunotte ist Geschäftsführer der Bundesgeschäftsstelle der Hochschullehrerbund-Bundesvereinigung in Bonn.

Dr. Carsten Brosda ist Senator der Hamburger Behörde für Kultur und Medien und Präsident des Deutschen Bühnenvereins.

Prof. Dr. Hartmut Dorgerloh ist Generalintendant und Vorstandsvorsitzender der Stiftung Humboldt Forum im Berliner Schloss.

Johannes Ebert ist seit 2012 Generalsekretär des Goethe-Instituts.

Prof. Dr. Ulrike Guérot leitet an der Donau Universität Krems das Departement *Europapolitik und Demokratieforschung* (DED).

Dr. Andreas Görgen ist Leiter der Abteilung Kultur und Kommunikation im Auswärtigen Amt.

Ronald Grätz ist Generalsekretär des Instituts für Auslandsbeziehungen (ifa), Stuttgart.

Marc Grandmontagne ist Geschäftsführender Direktor des Deutschen Bühnenvereins.

Dr. Annika Hampel ist Geschäftsführerin des *Africwa Centre for Transregional Research* (ACT) an der Universität Freiburg.

Prof. Dr. Markus Hilgert ist Generalsekretär der Kulturstiftung der Länder.

Dr. Maria Hirvi-Ijäs ist eine schwedische Kunstwissenschaftlerin und -kritikerin.

Ulrich Khuon ist Dramaturg und Intendant am Deutschen Theater Berlin.

Prof. Dr. Eckart Köhne ist Direktor des Badischen Landesmuseums und Präsident des Deutschen Museumsbunds.

Birgit Lengers ist Dramaturgin und Leiterin der Bürgerbühne am Düsseldorfer Schauspielhaus.

Peter Limbourg ist Journalist und Intendant der Deutschen Welle (DW).

Prof. Dr. Stuart MacDonald, FRSA (Fellow of the Royal Society of Arts and Manufacturers), ist Außerordentlicher Professor am Vesalius College und Senior Fellow am Global Governance Institute, beide an der Freien Universität Brüssel.

Katrin Maiste ist Geschäftsführerin des Estnischen Instituts, Tallinn.

Camilla Mordhorst ist Generalsekretärin des Dänischen Kulturinstituts.

Michelle Müntefering ist parlamentarische Staatssekretärin für Internationale Kulturpolitik beim Bundesminister des Auswärtigen.

Mohamed Al Mubarak ist Direktor des Kulturministeramts der Vereinigten Arabischen Emirate in Abu Dhabi.

Dr. Andrew Murray ist Historiker und seit 1988 beim British Council.

Dr. Georg Schütte ist Generalsekretär der VolkswagenStiftung.

Sakarias Sokka arbeitet bei der Finnischen Stiftung für Kulturpolitik-Forschung CUPORE.

Rafael Soriano Ortiz ist für das *Instituto Cervantes* tätig.

Dr. Odila Triebel ist Bereichsleiterin Dialogforen am Institut für Auslandsbeziehungen (ifa), Stuttgart.

Hortensia Völckers ist künstlerische Leiterin der Kulturstiftung des Bundes.

Helena Waldmann ist Choreographin, Theater-Regisseurin und Weltreisende in Sachen Tanz.

Prof. Dr. Sigrid Weigel ist Literatur- und Kulturwissenschaftlerin.

Dr. Günter Winands ist Ministerialdirektor und Amtschef bei der Beauftragten der Bundesregierung für Kultur und Medien.

Aušrinė Žilinskienė ist Direktorin des Litauischen Kulturinstituts.

Olaf Zimmermann ist Geschäftsführer des Deutschen Kulturrates.

Erste Auflage 2021

© 2021 für die Fotografien Götz Schleser
© 2021 für die Texte bei den Autoren
© 2021 für diese Ausgabe: Steidl Verlag, Göttingen

Alle Rechte vorbehalten. Kein Teil dieses Buches darf in irgendeiner Form (Druck, Fotokopie oder einem anderen Verfahren) ohne schriftliche Genehmigung des Verlages reproduziert oder unter Verwendung elektronischer Systeme verarbeitet werden.

Herausgeber: Ronald Grätz und Markus Hilgert
Redaktion und Lektorat: Mirjam Schneider
Buchgestaltung: Rahel Bünter / Steidl Design
Gesamtherstellung und Druck: Steidl, Göttingen
Bildbearbeitung: Steidl image department

Steidl
Düstere Str. 4 / 37073 Göttingen
Tel. +49 551 49 60 60
mail@steidl.de
steidl.de

ISBN 978-3-95829-972-6
Printed in Germany by Steidl